Vegane DRINKS

100 VEGANE REZEPTE FÜR COCKTAILS, SMOOTHIES, TEE, SHAKES, BOWLE, AROMAWASSER, MOCKTAILS UND MEHR

- waf.foodies -

INHALTSVERZEICHNIS

BASICS

AROMAWASSER

TEE UND EISTEE

KAFFEE HEISS UND KALT

Vanille-Kokos Kaffee *heiß*	28
Vanilla Latte *heiß*	28
Schokokaffee *heiß*	29
Schokoespresso *heiß*	29
Winterkaffee *heiß*	30
Klassischer Eiskaffee *kalt*	30
Käsekuchen Eiskaffee *kalt*	31
Cold Brew Eiskaffee *kalt*	31
Copy Cat Matcha Latte *kalt*	32
Dalgona Style Kaffee *kalt*	32

SCHOKOLADE HEISS UND KALT

5 Minuten-Schokolade *heiß*	33
Chai Schokolade *heiß*	34
Schokodrink *heiß*	34
Weiße Schokolade *heiß*	35
Erdbeer Schokolade *heiß*	35
Schokolade mit Vanillecreme *heiß*	36
Schokolade mit Karamellsauce *heiß*	37
Eisschokolade *kalt*	38
Schaumiger Schokodrink *kalt*	38
Heißkalte Trinkschokolade *kalt*	39

SMOOTHIES UND SÄFTE

Gemo Smoothie	40
Obst Smoothie	40
Erdbeer Smoothie	41
Morning Smoothie	41
Süßkartoffel Smoothie	42
Schoko-Erdnuss Smoothie	42
Schoko-Zucchini Smoothie	43
Apfelsaft *ohne Entsafter*	44
Karottensaft *ohne Entsafter*	45
Ananas-Birnen-Trauben Saft	45

JOGHURTDRINKS

SHAKES

COCKTAILS UND MOCKTAILS

BOWLE UND PUNSCH

WEITERES

MANDELMILCH

etwa
650 ml

10 Minuten
+ 24 Std. Ruhezeit

Zutaten

- 450 ml Wasser still
- 150 g Mandeln ganz und ungeschält
- Wasser zum Einweichen der Mandeln
- optional für Süße: etwa 3 entsteinte Datteln alternativ: 2 EL Dattelsirup oder Agavendicksaft

Hilfsmittel

- leistungsfähiger Stabmixer oder Hochleistungsmixer
- Sieb
- Nussmilchbeutel alternativ: Durchsei- oder Küchentuch

Zubereitung

1. Die **Mandeln** in eine Schüssel geben und mit **Wasser** bedecken. Über Nacht einweichen lassen. Danach das **Wasser** über ein Sieb abgießen. Die **Mandeln** mit **klarem Wasser** abspülen.

2. Die abgespülten **Mandeln**, 450 ml **Wasser** und optional **entsteinte Datteln** in ein höheres Gefäß geben mit einem Mixer auf höchster Stufe für 2 bis 3 Min. mixen.

3. Ein **Nussmilchbeutel** in ein Sieb legen und die **Mandelmilch** hindurchgießen. Die Rückstände im **Nussmilchbeutel** gut ausdrücken, damit die ganze **Mandelmilch** aufgefangen wird.

4. Die fertige **Mandelmilch** in eine sterilisierte Flasche abfüllen und im Kühlschrank lagern. Innerhalb von etwa 2 Tagen verzehren.

Tipp: Die **Reste** im Nussmilchbeutel, der sogenannte **Trester**, eignet sich für **Müsli**, selbstgemachte **Kuchen**, **Kekse**, **Brote**, **Plätzchen** oder **Müsliriegel**.

HAFERMILCH

etwa 800 ml | 10 Minuten

Zutaten

- 1 l Wasser sehr kalt
- 100 g Haferflocken
- 1 Prise Salz
- optional für Süße: etwa 3 entsteinte Datteln alternativ: 2 EL Dattelsirup oder Agavendicksaft

Hilfsmittel

- leistungsfähiger Stabmixer oder Hochleistungsmixer
- Sieb
- Nussmilchbeutel alternativ: Durchsei- oder Küchentuch

Zubereitung

1. **Haferflocken, Wasser, Salz** und optional **entsteinte Datteln** in ein höheres Gefäß geben. Alles für etwa 3 Min. mit einem Stabmixer mixen. **Hinweis:** Unbedingt darauf achten, dass sich die **Masse** nicht zu stark erwärmt, da sie sonst schleimig werden kann.

2. Die fertige **Hafermilch** in eine sterilisierte Flasche abfüllen und im Kühlschrank lagern. Innerhalb von etwa 2 Tagen verzehren. Am besten schmeckt die **Hafermilch**, wenn sie frisch ist.

Tipp: Die **Reste** im Nussmilchbeutel, der sogenannte **Trester**, eignet sich für **Müsli**, selbstgemachte **Kuchen**, **Kekse**, **Brote**, **Plätzchen** oder **Müsliriegel**.

KOKOSMILCH I

etwa 1 l | 10 Minuten

Zutaten

- 100 g Kokomus
- 1 l Wasser still
- optional für Süße: etwa 3 entsteinte Datteln oder 2 EL Dattelsirup oder Agavendicksaft

Hilfsmittel

- leistungsfähiger Stabmixer oder Hochleistungsmixer

Zubereitung

1. **Kokosmus, Wasser** und optional **entsteinte Datteln** in ein höheres Gefäß geben. Mit einem Stabmixer für etwa 4 Min. mixen.

2. Die fertige **Kokosmilch** in eine sterilisierte Flasche abfüllen und im Kühlschrank lagern. Innerhalb von etwa 2 Tagen verzeheren.

KOKOSMILCH II

etwa 900 ml

30 Minuten

Zutaten

- 250 g Kokosraspeln
- 1 l Wasser still

Hillfsmittel

- leistungsfähiger Stabmixer oder Hochleistungsmixer
- Sieb
- Nussmilchbeutel alternativ: Durchsei- oder Küchentuch

Zubereitung

1. Das **Wasser** in einen Topf geben und einmal aufkochen.

2. Die **Kokosraspeln** in eine hitze-beständige Schale füllen und mit dem **heißen Wasser** übergießen. Alles für etwa 10 Min. durchziehen lassen.

3. **Kokosraspeln** und **Einweichwasser** in ein höheres Gefäß geben und für etwa 4 Min. mit einem Stabmixer pürieren.

4. Ein Nussmilchbeutel in ein Sieb legen und die **Kokosmilch** hindurchgießen. Die **Rückstände** im Nussmilchbeutel gut aus-drücken, damit die ganze **Kokosmilch** aufgefangen wird.

5. Die **fertige Kokosmilch** in eine steri-lisierte Flasche abfüllen und im Kühl-schrank lagern. Innerhalb von etwa 2 Tagen verzehren. Vor dem Verzehr die Flasche stets aufschütteln.

Tipp: Die **Reste** im Nussmilchbeutel, der **Trester**, eignet sich für selbstgemachte **Kuchen**, gesunde **Desserts**, **Kekse** oder **Müsliriegel**.

HASELNUSSMILCH

etwa
700 ml

15 Minuten
+ 24 Std. Ruhezeit

Zutaten

- 500 ml Wasser still
- 200 g Haselnüsse
- Wasser zum Einweichen der Mandeln
- optional für Süße: etwa 3 entsteinte Datteln alternativ: 2 EL Dattelsirup oder Agavendicksaft

Hilfsmittel

- leistungsfähiger Stabmixer oder Hochleistungsmixer
- Sieb
- Nussmilchbeutel alternativ: Durchsei- oder Küchentuch

Zubereitung

1. Die **Haselnüsse** in eine Schüssel geben und mit **Wasser** bedecken. Über Nacht einweichen lassen. Danach das **Wasser** über ein Sieb abgießen. Die **Haselnüsse** mit **klarem Wasser** abspülen.

2. Die abgespülten **Haselnüsse**, 500 ml **Wasser** und optional **entsteinte Datteln** in ein höheres Gefäß geben. Mit einem Mixer auf höchster Stufe für 2 bis 3 Min. mixen. **Hinweis:** Nach dem Mixen sollte eine **weiße Flüssigkeit**, die keine sichtbaren **Nussstückchen** mehr enthält, entstanden sein. Ansonsten für weitere 2 bis 4 Min. weitermixen.

3. Ein **Nussmilchbeutel** in ein Sieb legen und die **Mandelmilch** hindurchgießen. Die Rückstände im **Nussmilchbeutel** gut ausdrücken, damit die ganze **Haselnussmilch** aufgefangen wird.

4. Die fertige **Haselnussmilch** in eine sterilisierte Flasche abfüllen und im Kühlschrank lagern. Innerhalb von etwa 2 Tagen verzehren.

Tipp: Die **Reste** im Nussmilchbeutel, der **Trester**, eignet sich für **Müsli**, selbstgemachte **Kuchen**, **Kekse**, **Brote** oder **Müsliriegel**.

SCHOKOSIRUP

3
Portionen

10
Minuten

Zutaten

- 100 g Rohrohr-zucker oder etwa 50 g Dattelsirup
- 25 g Kakao un-gesüßt
- 115 ml Kokosmilch
- 2 EL Butter vegan
- 35 g Schokolade vegan
- ¼EL Vanilleextrakt
- 1 EL Speisestärke
- 2 EL Wasser still
- 1 Prise Salz

Zubereitung

1. Die **Schokolade** grob hacken. **Stärke** und **Wasser** in eine Schale geben und miteinander verrühren, bis sich die **Stärke** auflöst.

2. Zucker, Kakao sowie **Kokosmilch** in einen Topf geben und miteinander vermengen. Unter Rühren einmal auf-kochen.

3. Butter, Schokolade, Salz und **Vanille-extrakt** hinzufügen. Solange bei mittlerer Hitze rühren, bis die **Schokolade** ge-schmolzen ist.

4. Den **Stärke-Mix** zum **Schoko-Mix** geben und solange bei mittlerer Hitze ver-rühren, bis eine **cremige Sauce** entsteht.

Serviervorschlag

Lecker zu Shakes und Eis. Sowie als Topping für Müsli, Porridge und Joghurt. Schmeckt am besten lauwarm.

KARAMELLSIRUP

2 Portionen **15 Minuten**

Zutaten

- 80 ml Kokosöl
- 80 ml Agaven-dicksaft
- 3 EL Nussbutter
- 1 TL Vanilleextrakt
- 1 Prise Salz

Zubereitung

1. Kokosöl, Agavendicksaft, Nussbutter, Vanille und Salz in einen Topf geben. Alles miteinander verrühren.

2. Den Topf auf mittlerer Hitze erwärmen und solange rühren, bis es anfängt zu köcheln.

3. Etwa 2 Min. weiterköcheln lassen und dabei immer wieder umrühren.

4. Den Topf von der Herplatte entfernen und die Sauce vollständig abkühlen lassen.

Hinweis: Während des Abkühlens dickt die Karamellsauce weiter an.

Serviervorschlag

Köstlich zu Shakes, Joghurt, Eis, Obst, kleines Gebäck, Waffeln, Müsli und Porridge.

KIRSCHSIRUP

1-2
Portionen

30
Minuten

Zutaten

- 200 ml Wasser still
- 500 entsteinte Kirschen frisch oder Tiefkühlprodukt
- 100 g Rohrohr-zucker
- 1 Bio Zitrone

Hilfsmittel

- Stabmixer
- Sieb
- Passiertuch oder Küchentuch

Zubereitung

1. **Kirschen** und **Wasser** in einen Topf geben. Alles einmal aufkochen lassen und für weitere 12 Min. bei mittlerer Hitze köcheln lassen.

2. Die **Kirschen** in ein höheres Gefäß füllen und mit einem Stabmixer fein pürieren.

3. Ein Passiertuch in ein Sieb legen und die **Kirschmasse** hineinfüllen. Dabei den **Saft** auffangen.

4. **Rohrohrzucker** und etwa 350 ml des **Saftes** in einen Topf geben und so lange bei mittlerer Hitze köchlen lassen, bis sich der **Zucker** vollständig aufgelöst hat.

5. Die **Zitrone** auspressen und etwa 2 EL davon zum **Kirschsirup** hinzufügen. Den noch heißen **Sirup** in eine sterilisierte Flasche füllen und auskühlen lassen. Im Kühlschrank lagern. Der **Sirup** ist für etwa 5 Tage haltbar.

Serviervorschlag

2 bis 3 EL Sirup in etwa 200 ml Wasser (Mineralwasser oder stilles Wasser) einrühren. Wer mag, gibt Eiswürfel und frische Minze dazu. Sofort servieren.

HIMBEERSIRUP

3-4
Portionen

25
Minuten

Zutaten

- 500 g Himbeeren
  frisch oder Tiefkühl-
  produkt
- 500 g Rohrohr-
  zucker
- 500 ml Wasser still

Hilfsmittel

- Stabmixer
- Sieb
- Passiertuch oder
  Küchentuch

Zubereitung

1. Himbeeren, Rohrohrzucker und Wasser
in einen Topf geben. Alles einmal auf-
kochen lassen und für weitere 10 Min. bei
mittlerer Hitze köcheln lassen.

2. Ein Passiertuch in ein Sieb legen und
die **Himbeermasse** hineinfüllen. Dabei
den **Saft** auffangen.

3. Den noch heißen **Sirup** in eine steri-
lisierte Flasche füllen und auskühlen
lassen. Im Kühlschrank lagern. Der
Himbeersirup ist für etwa 4 bis 6 Tage
haltbar.

Serviervorschlag

2 bis 3 EL Sirup in etwa 200 ml Wasser
(Mineralwasser oder stilles Wasser)
einrühren. Wer mag, gibt Eiswürfel und
frische Minze dazu. Sofort servieren.

HOLUNDERBLÜTENSIRUP

etwa 750 ml

30 Minuten + 24 Std. Ruhezeit

Zutaten

- 5 Holunderblüten-
  dolden Hinweis:
  Blüten im vollreifen
  Zustand ernten; sie
  sollten geöffnet
  sein & stark riechen
- 500 g Rohrohr-
  zucker
- 500 ml kaltes
  Wasser still
- 7 bis 15 g Zitronen-
  säure alternativ:
  Saft einer Zitrone

Hilfsmittel
- Sieb sehr fein

Zubereitung

1. Holunderblüten sowie **Wasser in eine Schüssel** füllen und für 24 Std. an einem kühlen Ort ziehen lassen.

2. Die **Holunderblüten** samt **Wasser** durch ein Sieb seihen und die **Flüssigkeit** dabei auffangen.

3. Rohrohrzucker und 7 bis 15 g **Zitronen-säure** in einen Topf geben. Alles unter Rühren einmal aufkochen, bis sich der **Zucker** aufgelöst hat.

4. Den noch heißen **Sirup** in eine steri-lisierte Flasche füllen und auskühlen lassen. Im Kühlschrank lagern. Der **Holunderblütensirup** ist für etwa 5 Tage haltbar.

Serviervorschlag

2 bis 3 EL Sirup in etwa 200 ml Wasser
(Mineralwasser oder stilles Wasser)
einrühren. Wer mag, gibt frische Minze und
Eiswürfel dazu. Sofort servieren.

RHABARBERSIRUP

3-4
Portionen

50
Minuten

Zutaten

- 500 g Rhabarber
  frisch
- 300 ml Wasser still
- 500 g Rohrrohr-
  zucker

Hilfsmittel
- Sieb sehr fein

Zubereitung

1. Den **Rhabarber** säubern und in etwa 2 bis 3 cm große Stücke schneiden.

2. **Rhabarberstücke** und **Wasser** in einen Topf füllen. Alles einmal aufkochen und für weitere 20 Min. bei mittlerer Hitze köcheln lassen. Danach über ein Sieb abgießen. **Hinweis:** Die **Rhabarberstücke** zusätzlich mit einem Löffel ausdrücken, um so viel **Saft** wie möglich zu erhalten.

3. **Rohrrohrzucker** und den aufgefang-enen **Saft** erneut in einen Topf füllen. Alles einmal aufkochen und bei niedriger Hitze für etwa 6 Min. köcheln lassen.

4. Den noch **heißen Sirup** in eine steri-lisierte Flasche füllen und auskühlen lassen. Im Kühlschrank lagern. Der **Rhabarbersirup** ist für etwa 4 bis 6Tage haltbar.

Serviervorschlag

2 bis 3 EL Sirup in etwa 200 ml Wasser (Mineralwasser oder stilles Wasser) einrühren. Nach Belieben Eiswürfel dazugeben. Sofort servieren.

ZITRONE-MINZE WASSER

etwa 750 ml   60 Minuten

Zutaten

- 750 ml Wasser still
- 1 Zitrone Bio
- 1 kleine Hand voll Minze frisch

Zubereitung

1. Die **Zitrone** säubern und in Viertel schneiden. Die **frische Minze** ebenfalls reinigen und nach Bedarf vom Strunk entferen und die **Blättchen** abzupfen.

2. Minzblättchen und **Zitronenschnitze** in eine Flasche oder in eine Karaffe geben. Mit **Wasser** auffüllen und für mindestens 50 Min. im Kühlschrank ziehen lassen.

Tipp: Noch intensiver schmeckt das **Aromawasser**, wenn man die Zutaten über Nacht im Kühlschrank ziehen lässt.

ORANGE-BLAUBEER WASSER

etwa 750 ml   70 Minuten

Zutaten

- 750 ml Wasser still
- ½ Orange Bio
- 60 g Blaubeeren frisch

Zubereitung

1. Eine **halbe Organge** säubern und in dünnere Scheiben schneiden. Die **Blau- beeren** ebenfalls reinigen.

2. Orangenscheiben und **Blaubeeren** in eine Karaffe oder in eine Flasche füllen. Mit **Wasser** auffüllen und für mindestens 60 Min. im Külschrank ziehen lassen.

Tipp: Noch intensiver schmeckt das **Aromawasser**, wenn man die Zutaten über Nacht im Kühlschrank ziehen lässt.

MELBA WASSER

etwa
750 ml

70
Minuten

Zutaten

- 750 ml Wasser still
- ¼ Stück Melone z.B.
  Honigmelone
- 2 Stiele Basilikum
  frisch

Zubereitung

1. Die **Melone** säubern, schälen und entkernen. Das **Fruchtfleisch** in kleinere Stücke schneiden.

2. Das **Basilikum** waschen und die **Blätter** abzupfen. Danach in Streifen schneiden.

3. **Melonenstücke** und **Basilikum** in eine Flasche oder in eine Karaffe geben. Mit **Wasser** auffüllen und für mindestens 60 Min. im Kühlschrank ziehen lassen.

KRÄUTERWASSER

etwa
750 ml

70
Minuten

Zutaten

- 750 ml Wasser still
- 100 g Erdbeeren
  frisch
- etwa 1 Hand voll
  Kräuter z.B. Melisse,
  Minze, Basilikum
- ½ EL Pfefferbeeren
  rot

Zubereitung

1. Die **Erdbeeren** säubern und vierteln. Nach Wunsch die **Erdbeeren** mit einem Messer etwas andrücken, sodass sich die Zellen öffnen und mehr **Aroma** ins **Wasser** übergeht. Die **Kräuter** ebenfalls reinigen.

2. **Erdbeerstücke**, **Wasser**, **Kräuter** und **Pfefferbeeren** in eine Flasche oder Karaffe füllen. Alles für mindestens 60 Min. im Külschrank ziehen lassen.

ERDBEER-BASILIKUM WASSER

etwa
750 ml

70
Minuten

Zutaten

- 750 ml Wasser still
- 125 g Erdbeeren frisch
- 1 kleine Hand voll Basilikum frisch

Zubereitung

1. Die **Erdbeeren** säubern und halbieren. Das **Basilikum** ebenfalls reinigen und die **Blätter** abzufpen.

2. Erdbeeren und **Basilikum** in eine Flasche oder in eine Karaffe geben. Mit **Wasser** auffüllen und für mindestens 60 Min. im Kühlschrank ziehen lassen.

Tipp: Noch intensiver schmeckt das **Aromawasser**, wenn man die Zutaten über Nacht im Kühlschrank ziehen lässt.

FEIGE-ORANGE WASSER

etwa
1 l

10 Minuten
+ 24 Std.

Zutaten

- 1 l Wasser still oder Mineralwasser
- 2 Feigen
- 1 Nektarine
- 1 Orange
- 1-2 Zimtstangen

Zubereitung

1. Feigen und **Nektarinen** säubern. Die **Orange** schälen. Alle **Früchte** in Spalten schneiden.

2. Feigen, Nektarinen, Orangen und 1 bis 2 **Zimtstangen** in eine verschließbare Flasche füllen. Alles für 24 Std. im Kühlschrank ziehen lassen.

GRAPEFRUIT WASSER

etwa 1 l   10 Minuten + 24 Std.

Zutaten

- 1 l Wasser still oder Mineralwasser
- 1 Grapefruit
- 2 Zweige Rosmarin

Hilfsmittel

- Stößel

Zubereitung

1. Den **Rosmarin** säubern und mit einem Stößel etwas anstoßen. Die **Grapefruit** auspressen.

2. **Grapefruitsaft, Rosmarin** und **Wasser** in eine Flasche oder Karaffe füllen. Alles über Nacht im Kühlschrank durchziehen lassen.

KOKOS-ANANAS WASSER

etwa 1 l   10 Minuten + 24 Std.

Zutaten

- 1 l Mineralwasser
- 60 ml Kokoswasser
- 1 Baby-Ananas frisch
- 6-10 Erdbeeren frisch

Zubereitung

1. Die **Baby-Ananas** schälen und in kleinere Stücke schneiden. Die **Erdbeeren** säubern und vierteln.

2. **Ananasstücke, Erdbeeren, Kokoswasser** und **Mineralwasser** in eine verschließbare Flasche füllen. Alles über Nacht im Kühlschrank ziehen lassen.

GURKENWASSER

etwa 1 l

25 Minuten

Zutaten

- 1 l Mineralwasser
- ½ Salatgurke Bio
- 1 Zitrone Bio
- 2 Zweige Minze frisch

Hilfsmittel

- Stößel

Zubereitung

1. Die **Gurke** waschen und in Streifen schneiden. Die **Zitrone** ebenfalls waschen und in Scheiben schneiden. Die **Minze** waschen und die Blätter abzupfen.

2. **Zitronenscheiben** und **Minzblätter** mit einem Stößel etwas anstoßen.

3. **Gurkenstreifen, Zitronenscheiben, Minzblätter** und **Mineralwasser** in eine verschließbare Flasche füllen. Alles über Nacht im Kühlschrank durchziehen lassen.

MILCHTEE MIT ZIMT

2 Portionen 25 Minuten **heiß**

Zutaten

- 470 ml Wasser still
- 3 Teebeutel Schwarz-tee
- 2-3 Zimtstangen
- 360 ml Pflanzendrink z.B. Mandelmilch
- 3 TL Agavendicksaft oder Dattelsirup oder 4 TL Rohrohrzucker
- optional: 1 TL Vanille-extrakt

Zubereitung

1. **Wasser** und **Zimtstangen** in einen Topf geben. Alles einmal aufkochen und von der Herdplatte nehmen. Die **Teebeutel** im heißen Wasser für 7 bis 9 Min. ziehen lassen. Den Topf dabei verschließen.

2. Nach der Ziehzeit die **Teebeutel** und die **Zimtstangen** entfernen.

3. **Agavendicksaft** und optional **Vanille-extrakt** einrühren.

4. Den **Pflanzendrink** in einem Topf erwärmen, aber nicht kochen. Den warmen **Pflanzendrink** in das **Tee-gemisch** einrühren. Nach Wunsch auf zwei Tassen verteilen und sofort genießen.

HIMBEER TRAUM

2 Portionen 25 Minuten **heiß**

Zutaten

- 400 ml Wasser still
- 50 g Himbeeren Tiefkühlprodukt
- 2 Teebeutel mit Himbeer-Vanille-Aroma
- ½ Vanilleschote oder 1 TL Vanilleextrakt

Zubereitung

1. Die **Himbeeren** für etwa 5 Min. antauen lassen.

2. **Wasser** und **Vanille** in einen Topf geben und einmal aufkochen. Die **Tee-beutel** hineinhängen und für etwa 8 Min. ziehen lassen. Danach **Teebeutel** und **Vanilleschote** entfernen.

3. Erst den **Tee** auf Teegläser verteilen, dann die **Himbeeren** dazugeben. Sofort servieren.

MINZE-APRIKOSEN TEE

2 Portionen **25 Minuten** **heiß**

Zutaten

- 450 ml Wasser heiß
- 30 g Aprikosen getrocknet
- ½ Zitrone Bio
- 1-2 Zweige Minze frisch
- 2 TL Rohrohrzucker oder Agavendicksaft

Zubereitung

1. Die **Aprikosen** würfeln. Die **Zitrone** heiß waschen und etwa 2 Scheiben davon abschneiden. Die frische **Minze** waschen und trocken schütteln.

2. **Aprikosen, Zitronenscheiben,** frische **Minze** und **Rohrohrzucker** auf 2 Teegläser verteilen. Mit heißem **Wasser** übergießen und für 20 Min. ziehen lassen.

WINTERTEE

2 Portionen **20 Minuten** **heiß**

Zutaten

- 370 ml schwarzer Tee heiß
- ½ Orange Bio
- 1 Zimtstange klein
- 1 Nelke
- optional: 1 Msp. Kardamomkapseln

Zubereitung

1. Die **Orange** waschen und trocknen. Die **Schale** abreiben und den **Saft** auspressen.

2. **Orangensaft, Zimtstange, Nelke, Orangenschale** und optional die **Kardamomkapseln** in den **heißen Tee** geben und für 8 Min. ziehen lassen.

3. Die **Gewürze** nach Belieben entfernen und den **Wintertee** sofort servieren.

SCHARFES GLÜCK

2-3 Portionen 15 Minuten **heiß**

Zutaten

- 500 ml Wasser heiß
- 2 EL schwarzer Tee
- 1 Chilischote klein & rot
- 2 Zweige Rosmarin

Zubereitung

1. Die **Chilischote** säubern, den **Stiel** entfernen und die **Schote** aufschneiden. Die Kerne entfernen und die **Chilischote** in feine Ringe schneiden.

2. Den **Rosmarin** waschen und mit der flachen Hand leicht zerreiben.

3. Chili, **Rosmarin** und den **schwarzen Tee** in eine Teekanne füllen und mit 500 ml **kochendem Wasser** übergießen. Alles für 5 Min. ziehen lassen.

4. Den **Tee** durch ein Sieb abgießen, auf Teegläser verteilen und servieren.

ZITRONEN EISTEE

2-3 Portionen 10 Minuten **kalt**

Zutaten

- 500 ml Wasser heiß
- 2 TL schwarzer Tee
- 50 g Rohrohrzucker oder 30 g Agavendicksaft
- Saft von 1 Zitrone
- Eiswürfel 10-15 Stück

Zubereitung

1. Den **schwarzen Tee** in eine Teekanne füllen und mit **kochend heißem Wasser** übergießen. Etwa 4 Min. ziehen lassen. Danach den **Tee** über ein Sieb abseihen.

2. Zitronensaft, **schwarzer Tee** und **Rohrohrzucker** miteinander vermengen, bis sich der Zucker aufgelöst hat. Die **Eiswürfel** dazugeben und den **Tee** abkühlen lassen. Kalt servieren.

HIMBEER EISTEE

etwa 1 l   30 Minuten   kalt

Zutaten

- 500 ml Wasser heiß
- 500 ml Wasser kalt
- 2 TL schwarzer Tee
- 60 g Himbeeren frisch oder Tiefkühlprodukt
- Saft von 1 Zitrone
- 250 ml roter Traubensaft sehr kalt
- optional: Agavendicksaft, Eiswürfel

Zubereitung

1. Den **schwarzen Tee** in eine Teekanne füllen und mit **500 ml heißem Wasser** übergießen. Für etwa 4 Min. ziehen lassen. Danach den **Tee** über ein Sieb abseihen.

2. Den abgeseihten **Tee** mit **500 ml kaltem Wasser** auffüllen und im Kühlschrank abkühlen lassen.

3. Die **Himbeeren** säubern und zusammen mit **Zitronen- und Traubensaft** zum **Tee** geben.

4. Wer mag, süßt den **Eistee** mit **Agavendicksaft** und gibt **Eiswürfel** dazu. Kalt servieren.

ESTRAGON EISTEE

2 Portionen   120 Minuten   kalt

Zutaten

- 500 ml Wasser heiß
- ½ Apfel
- ½ Bund Estragon
- 1-2 EL Zitronensaft
- 1-2 EL Agavendicksaft
- Eiswürfel 10-15 Stück

Zubereitung

1. Den **Apfel** waschen, entkernen und in sehr dünne Scheiben schneiden. Den **Estragon** säubern und etwas trocken schütteln.

2. **Apfelscheiben, Estragon, Agavendicksaft** und **Zitronensaft** in eine Teekanne geben. Mit **kochend heißem Wasser** übergießen und umrühren. So lange ziehen lassen, bis der **Tee** abgekühlt ist. Auf Teegläser verteilen und eiskalt mit **Eiswürfeln** servieren.

ANANAS EISTEE

2 Portionen | **60 Minuten** | kalt

Zutaten

- 250 ml Wasser still
- 200 ml Ananassaft
- 2 Beutel weißer Tee
- 1 EL Rohrohrzucker oder Agavendicksaft
- ¼ Stück Ananas
- Eiswürfel 10-15 Stück

Hilfsmittel
- Stabmixer

Zubereitung

1. Das **Wasser** einmal aufkochen und danach für etwa 12 Min. abkühlen lassen. Den **weißen Tee** damit übergießen und für 5 Min. darin ziehen lassen. Die Teebeutel entfernen und den **Tee** abkühlen lassen.

2. Die **Ananas** grob würfeln. In ein höheres Gefäß füllen und mit einem Stabmixer pürieren.

3. **Ananassaft, Tee, Rohrohrzucker** und **Ananaspüree** miteinander vermengen. Zusammen mit **Eiswürfel** auf Teegläser verteilen und sofort servieren.

APFEL-MINZE EISTEE

etwa 1 l | **60 Minuten** | kalt

Zutaten

- 500 ml Wasser still
- 500 ml Apfelsaft z.B. naturtrüb
- 1-2 Zweige Minze frisch
- 2 EL Zitronensaft
- Eiswürfel 10-20 Stück
- optional: Agavendicksaft oder Rohrohrzucker

Zubereitung

1. Die Minze säubern und die **Blätter** abzupfen.

2. Das **Wasser** einmal aufkochen. Den **Zitronensaft** und die **Minzblätter** hinzufügen. Alles für 6 Min. ziehen lassen.

3. Den **Tee** durch ein Sieb abseihen und abkühlen lassen. Den **Apfelsaft** unterrühren und optional mit **Agavendicksaft** süßen. Den **Apfel-Minze Eistee** zusammen mit den **Eiswürfeln** auf Gläser verteilen und sofort servieren.

BUBBLE TEA

4
Portionen

60
Minuten

kalt

Zutaten

- 500 ml starker Jasmintee abgekühlt
- 500 ml Pflanzendrink z.B. Mandelmilch
- 80-100 g Tapioka-perlen
- optional: Eiswürfel 10-15 Stück

Zuckersirup
- 180 g Rohrohrzucker
- 200 ml Wasser still

Zubereitung

1. **Zuckersirup herstellen:** Dafür **Rohrohr-zucker** und **Wasser** in einen Topf füllen und einmal aufkochen. Solange mit-einander verrühren, bis sich der **Zucker** aufgelöst hat. Danach den **Sirup** ab-kühlen lassen.

2. Die **Tapiokaperlen** nach Packungs-angabe kochen. Danach in etwa 100 ml **Zuckersirup** einlegen. **Tipp:** Anstelle von **Zuckersirup**, kann auch **Fruchtsirup**, wie z.B. **Himbeersirup**, zum Einlegen verwendet werden.

3. Je **Bubble Tea** etwa 130 ml **Jasmintee** und 130 ml **Pflanzendrink** miteinander vermengen. Optional noch etwas **Zucker-sirup** und **Eiswürfel** hinzufügen. Alles gut durchmixen. Ein paar **Tapiokaperlen** in ein höheres Glas füllen und mit dem **Tee-Mix** auffüllen. Sofort servieren.

VANILLE-KOKOS KAFFEE

1 Portionen

30 Minuten

heiß

Zutaten

- 250 ml Kaffee heiß
- 250 ml Barista Pflanzendrink Soja Kokos + 50 ml für die Schaumkrone
- ½ TL Vanilleextrakt oder ½ Vanilleschote
- Kokosblütenzucker oder Agavendicksaft

Zubereitung

1. 250 ml **Barista** in einen Topf geben und erwärmen. Achtung, sie soll nicht kochen!

2. **Vanilleextrakt** und etwas **Kokosblütenzucker** nach Belieben in die **Barista** einrühren. Alles für etwa 20 Min. ziehen lassen.

3. Etwa 50 ml **Barista** aufschäumen.

4. Den **heißen Kaffee** in eine größere Tasse füllen. Den noch **warmen Kokos-Barista** hinzufügen. Den **Baristaschaum** als Schaumkrone darüber geben. Sofort servieren.

VANILLA LATTE

2 Portionen

20 Minuten

heiß

Zutaten

- 400 ml Pflanzendrink mit Vanillegeschmack
- 100 ml Espresso heiß
- 2 TL Rohrrohrzucker oder Agavendicksaft
- ½ TL Vanilleextrakt oder Mark von einer ½ Vanilleschote
- 1 TL Zimt
- optional: 1 TL Kardamom

Zubereitung

1. Den **Pflanzendrink** in einen Topf geben und erwärmen. Er sollte nicht kochen.

2. Den noch **warmen Pflanzendrink, Rohrrohrzucker, Vanille, Zimt** und optional **Kardamom** auf zwei Kaffeegläser verteilen. Jeweils den **Espresso** langsam in die Gläser eingießen. Sofort servieren.

SCHOKOKAFFEE

2 Portionen | 15 Minuten | heiß

Zutaten

- 300 ml Kaffee heiß
- 100 g Schokolade vegan
- 2 TL Rohrrohrzucker oder 1 TL Agavendicksaft
- 1 Prise Zimt
- optional: 1 Msp. Kardamom, etwa 50 ml vegane Sahne, vegane Schokoraspeln, vegane Sprühsahne

Zubereitung

1. Die **Schokolade** grob hacken. Zu dem **heißen Kaffee** geben und unter Rühren darin schmelzen.

2. **Rohrrohrzucker, Zimt**, optional **Kardamom** und 50 ml **Sahne** in den **Schokokaffee** einrühren. **Tipp:** Wer mag, garniert den **Schokokaffee** mit **Sprühsahne** und **Schokoraspeln**.

SCHOKOESPRESSO

2 Portionen | 15 Minuten | heiß

Zutaten

- 70 ml Espresso heiß
- 300 ml Pflanzendrink z.B. Mandelmilch
- 90 g Zartbitterschokolade vegan
- 100 ml Schlagsahne vegan

Zubereitung

1. Die **Schokolade** grob hacken. Den **Pflanzendrink** erwärmen, aber nicht kochen. Die **gehackte Schokolade** hinzufügen und unter Rühren darin schmelzen.

2. Die **Sahne** halbsteif schlagen. Den **heißen Espresso** auf zwei Kaffeegläser verteilen. Die **Schoko-Milch** darüber gießen und mit der **halbfesten Sahne** abdecken. Nicht umrühren!

WINTERKAFFEE

2-3 Portionen · **20 Minuten** · **heiß**

Zutaten

- 500 ml Kaffee heiß
- 150 ml Pflanzendrink z.B. Mandelmilch
- ½ TL Lebkuchengewürz
- ½ TL Vanilleextrakt oder Mark von ½ Vanilleschote
- ½ TL Zimt
- 150 ml Schlagsahne vegan
- optional: Agavendicksaft

Zubereitung

1. Den **Pflanzendrink** erhitzen, aber nicht kochen. Die **Sahne** steif schlagen.

2. Den **heißen Pflanzendrink**, 1 Prise **Zimt**, **Lebkuchengewürz** und **Vanille** mit dem **heißen Kaffee** mischen. Optional mit **Agavendicksaft** süßen.

3. Den **Winterkaffee** auf 2 bis 3 Tassen verteilen. Die **steife Sahne** darauf verteilen und mit **Zimt** bestreuen. Sofort servieren.

KLASSISCHER EISKAFFEE

2 Portionen · **40 Minuten** · **kalt**

Zutaten

- 300 ml Kaffee heiß
- 250 ml Pflanzendrink z.B. Mandelmilch
- 2 Kugeln Vanilleeis vegan
- 1 Prise Zimt
- 1 TL Vanilleextrakt oder Mark einer Vanilleschote
- 1 TL Agavendicksaft oder Dattelsirup
- Eiswürfel 5-10 Stück

Zubereitung

1. Den **heißen Kaffee** mit **Zimt**, **Vanille** und **Agavendicksaft** mixen. Den **Kaffeemix** für 20-30 Min. kaltstellen.

2. Die **Eiswürfel** auf zwei höhere Gläser verteilen. Mit **Pflanzendrink** auffüllen. Danach den **Kaffee** langsam darüber gießen.

3. Die **Eiskaffees** mit jeweils einer Kugel **Vanilleeis** toppen und sofort servieren.

KÄSEKUCHEN EISKAFFEE

2-3 Portionen
40 Minuten
kalt

Zutaten

- 380 ml Kaffee heiß
- 3 TL Rohrohrzucker
- 1 Pck.Vanillezucker
- 100 g veganer Frischkäse z.B. Frischecreme Natur
- Eiswürfel 10-15 Stück
- optional: vegane Sprühsahne

Hilsfmittel
- leistungsstarker Stabmixer

Zubereitung

1. **Rohrohrzucker** und **Vanillezucker** im heißen **Kaffee** unter Rühren auflösen. Den **Kaffee** für etwa 30 Min. abkühlen lassen.

2. Den **abgekühlten Kaffee, Frischkäse** und die **Eiswürfel** in ein höheres Gefäß geben. Alles mit einem Stabmixer pürieren.

3. Den **Eiskaffee** auf höhere Gläser verteilen und mit der **Sprühsahne** garnieren. Sofort servieren

COLD BREW EISKAFFEE

2-3 Portionen
5 Minuten + 24 Std.
kalt

Zutaten

- 250 ml Wasser heiß
- 30 g Kaffeepulver
- 60 ml Pflanzendrink z.B. Hafermilch
- 1 Spritzer Dattelsirup oder Agavendicksaft
- Eiswürfel: 5-10 Stück

Hilfmittel
- Kaffeefilter

Zubereitung

1. Das **Kaffeepulver** mit **heißem Wasser** aufgießen. In ein verschließbares Gefäß füllen und für etwa 24 Std. durchziehen lassen.

2. Den durchgezogenen **Kaffee** durch einen Filter gießen.

3. Höhere Gläser mit **Eiswürfel** befüllen. Den **Kaffee** dazugießen und jeweils etwas **Pflanzendrink** und **Dattelsirup** hinzufügen. Den **Cold Brew Eiskaffee** sofort servieren.

COPY CAT MATCHA LATTE

2 Portionen

20 Minuten

kalt

Zutaten

- 240 ml Pflanzendrink z.B. Mandelmilch
- 1 EL Vanilleextrakt
- 1 TL Matcha Teepulver
- etwa 1 Hand voll Eiswürfel
- optional: 1 TL Agavendicksaft oder 2 TL Zucker

Zubereitung

1. Vanille, Matchapulver, Pflanzendrink und optional **Agavendicksaft** in ein höheres Gefäß geben. Alles miteinander verrühren, bis sich alle Zutaten miteinander verbunden haben.

2. Die **Eiswürfel** gleichmäßig auf größere Kaffeegläser verteilen. Jeweils mit dem **Matcha-Mix** auffüllen und kurz umrühren. Sofort servieren und genießen.

DALGONA STYLE KAFFEE

2 Portionen

10 Minuten

kalt

Zutaten

- 350 ml ungesüßter Pflanzendrink z.B. Hafermilch
- 1 EL Rohrohrzucker oder ½ EL Agavendicksaft
- 2 EL Instantkaffee
- 2 EL Wasser heiß
- etwa 1 Hand voll Eiswürfel

Hilfsmittel

- Stabmixer oder Milchaufschäumer

Zubereitung

1. **Rohrohrzucker**, **Instantkaffee** und **Wasser** in einen Mixbecher geben. Mit einem Stabmixer oder Milchaufschäumer zu einem **dicken Kaffeeschaum** verarbeiten.

2. Die **Eiswürfel** und den **Pflanzendrink** gleichmäßig auf zwei höhere Kaffeegläser verteilen.

3. Den **Kaffeeschaum** jeweils darüber geben und vorsichtig umrühren. Sofort servieren.

5 MINUTEN-SCHOKOLADE

heiß

2
Portionen

5
Minuten

Zutaten

- 470 ml Pflanzendrink
  z.B. Mandelmilch
- 2 EL Kakaopulver
  ungesüßt
- 1 TL Vanilleextrakt
- 1 Prise Salz
- 2 Zimtstangen oder
  etwas Zimtpulver
- 2 EL Rohrohrzucker
  oder 1 EL Dattelsirup
- 80 g gehackte
  Schokolade vegan
- optional: Kokoscreme,
  vegane Schlagcreme
  oder geraspelte
  vegane Schokolade

Zubereitung

1. Pflanzendrink, Kakaopulver, Rohrohr-
zucker, Vanille, Salz und die **gehackte
Schokolade** in einen Topf geben. Alles
unter mittlerer Hitze erwärmen und so
lange rühren, bis sich alles aufgelöst hat.
Danach von der Herdplatte nehmen.
Hinweis: Die **Zutaten** lediglich erwärmen,
aber nicht kochen. **Tipp:** Wer es nicht
ganz so süß mag, verzichtet auf den
Rohrohrzucker, da viele **Pflanzendrinks**
bereits gesüßt sind.

2. Die **Zimtstangen** auf zwei Tassen ver-
teilen und jeweils mit heißer **Schokolade**
auffüllen. **Tipp:** Als Topping eignen sich
beispielsweise **Kokoscreme**, vegane
Schlagcreme oder geraspelte **Schoko-
lade**.

CHAI SCHOKOLADE

2
Portionen

20
Minuten

heiß

Zubereitung

1. Die **Schokolade** fein hacken. Den **Ingwer** schälen und in dünne Scheiben schneiden.

2. **Pflanzendrink, gehackte Schokolade, Kakaopulver, Dattelsirup, Ingwer, Zimt, Nelken** und **Kardamom** in einen Topf füllen. Alles unter Rühren erwärmen. Danach den Topf von der Herdplatte nehmen. **Hinweis:** Die **Zutaten** lediglich erwärmen, aber nicht kochen.

3. Die **Gewürze** für etwa 8 Min. in der **Pflanzenmilch** ziehen lassen. Dann über ein feines Sieb abgießen.

4. Die **warme Chai-Schokolade** auf zwei Tassen verteilen und sofort genießen. Wer mag, toppt das ganze mit Schokorasplen oder Sahne.

Zutaten

- 500 ml Pflanzendrink z.B. Hafer Barista oder Hafermlich
- 50 g Zarbitter-schokolade vegan
- 15 g Kakaopulver ungesüßt
- 1 Stück Ingwer etwa 2 cm groß
- 1 EL Dattelsirup oder Rohrohrzucker
- 1 TL Zimt
- ¼ TL Nelken gemahlen
- ½ TL Kardamom gemahlen
- optional: vegane Schlagsahne oder Schokoraspeln

Hilfsmittel
- Küchensieb

SCHOKODRINK

2
Portionen

10
Minuten

heiß

Zubereitung

1. **Pflanzendrink, Kakakopulver** und **Dattelsirup** miteinander vermixen. Nach Belieben in einem Topf erwärmen, aber nicht kochen. **Tipp:** Der **Schokodrink** kann warm und kalt getrunken werden.

Zutaten

- 400 ml Pflanzendrink z.B. Hafermilch
- 1 EL Kakaopulver ungesüßt
- 2 TL Dattelsirup oder Rohrohrzucker

WEISSE SCHOKOLADE

2 Portionen

20 Minuten

heiß

Zutaten

- 100 g weiße Schoko-lade vegan
- 370 Pflanzendrink z.B. Mandelmilch
- 50 g dunkle Schoko-lade vegan
- Sprühsahne vegan

Zubereitung

1. 100 g **weiße Schokolade** grob in Stücke brechen. 50 g **dunkle Schokolade** fein raspeln oder in kleine Stückchen schneiden.

2. Pflanzendrink und **weiße Schoko-stücke** in einen Topf geben. Unter Rühren bei mittlerer Hitze erwärmen. Die **weißen Schokostücke** sollten sich in dem **Pflanzendrink** auflösen.

3. Die **heiße Schokolade** auf zwei Tassen oder Gläser verteilen. Jeweils mit **Sprühsahne** und **dunkler Schokolade** garnieren. Sofort servieren.

ERDBEER SCHOKOLADE

1 Portion

20 Minuten

heiß

Zutaten

- 200 ml Pflanzendrink z.B. Sojamilch
- 100 ml Schlagsahne vegan
- 50 g weiße Schoko-lade vegan
- 2-4 Erdbeeren frisch oder aufgetaute Tiefkühl-Erdbeeren

Hilfsmittel

- Handrührgerät oder Schneebesen
- Stabmixer

Zubereitung

1. Die **Schokolade** grob in Stücke brechen. 50 ml von der **Schlagsahne** steif schlagen. Die **Erdbeeren** säubern und grob würfeln.

2. Pflanzendrink, 50 ml von der **Schlagsahne** und **Schokostücke** in einen Topf geben. Alles bei mittlerer Hitze und unter Rühren erwärmen. So lange, bis sich die **Schokostückchen** aufgelöst haben.

3. Die **Erdbeeren** dazugeben und alles mit einem Stabmixer pürieren. Nach Bedarf die **Erdbeer Schokolade** noch einmal erhitzen. Sofort servieren.

SCHOKOLADE MIT VANILLECREME

1-2 Portionen 20 Minuten **heiß**

Zutaten

Heiße Schokolade

- 250 ml Pflanzendrink z.B. Mandelmilch
- ½ TL Kakaopulver ungesüßt
- 20 g dunkle Schokolade vegan
- 1 Spritzer Dattelsirup oder Agavendicksaft

Vanille Creme

- 60 ml Wasser still
- 75 g Cashewkerne
- 1 TL Agavendicksaft oder Dattelsirup
- ½ TL Vanilleextrakt
- 1 Prise Salz

Hilfsmittel

- leistungsstarker Stabmixer oder Hochleistungsmixer

Zubereitung

Vanille Creme

1. Cashewkerne, Wasser, Agavendicksaft, Vanille und **Salz** in ein höheres Gefäß geben. Alles mit einem Stabmixer zu einer **cremigen Masse** pürieren. Zunächst kalt stellen.

Heiße Schokolade

1. Pflanzendrink, Kakaopulver, dunkle Schokolade und 1 Spritzer **Dattelsirup** in einen Topf geben. Alles erhitzen, aber nicht kochen. Die **Schokolade** sollte sich vollständig auflösen.

2. Die heiße Schokolade auf 1 bis 2 Tassen oder hitzebeständige Gläser verteilen. Mit der **Vanille Creme** toppen und sofort servieren.

SCHOKOLADE MIT KARAMELLSAUCE

2
Portionen

30
Minuten

heiß

Zutaten

Heiße Schokolade
- 500 ml Pflanzendrink
  z.B. Mandelmilch
- 1 TL Kakaopulver
  ungesüßt
- optional: Sprühsahne
  vegan

Karamellsauce
- 80 ml Kokosöl
- 80 ml Agavendicksaft
- 3 EL Nussbutter
- 1 TL Vanilleextrakt
- 1 Prise Salz

Zubereitung

Karamellsauce

1. Kokosöl, Agavendicksaft, Nussbutter, Vanille und Salz in einen Topf geben. Alles miteinander verrühren.

2. Die Zutaten bei mittlerer Hitze erwärmen und so lange rühren, bis es anfängt zu köcheln. Etwa 2 Min. weiterköcheln lassen und dabei immer wieder umrühren.

3. Den Topf von der Herplatte entfernen und die Karamellsauce vollständig abkühlen lassen. Hinweis: Während des Abkühlens dickt die Karamellsauce noch etwas an.

Heiße Schokolade

1. Pflanzendrink, Kakaopulver und die Hälfte der Karamellsauce in einen Topf geben und unter Rühren erhitzen, aber nicht kochen. Das Kakaopulver sollte sich vollständig auflösen.

2. Die heiße Schokolade auf 2 Tassen verteilen. Optional mit der Sprühsahne garnieren und mit der restlichen Karamellsauce beträufeln. Sofort servieren.

EISSCHOKOLADE

2 Portionen   15 Minuten   **kalt**

Zutaten

- 400 ml Pflanzendrink z.B. Hafermilch
- 1 TL Kakaopulver ungesüßt
- 4 Kugel Eis vegan, z.B. Vanille oder Schoko
- optional: vegane Sprühsahne

Zubereitung

1. Das **Kakaopulver** in dem **Pflanzendrink** unter Rühren auflösen. **Tipp:** Löst sich das **Kakaopulver** nicht in dem **kalten Pflanzendrink** auf, dann diesen etwas erwärmen. Danach alles gut abkühlen lassen.

2. Den **kalten Schokodrink** in 2 Tassen oder Gläser füllen. Jeweils 2 **Eiskugeln** dazugeben und optional mit **Sprühsahne** garnieren. Sofort servieren.

SCHAUMIGER SCHOKODRINK

2 Portionen   20 Minuten   **kalt**

Zutaten

- 400 ml Haferdrink Barista
- 2 TL Kakaopulver ungesüßt
- 10-20 g Schokolade vegan
- optional: 1 Zweig Minze frisch

Hilfsmittel
- Stabmixer

Zubereitung

1. Die **Schokolade** fein raspeln. Die **Minzblätter** waschen, trocken schütteln und abzupfen.

2. Haferdrink Barista und **Kakaopulver** in einen Topf geben. Alles miteinander verrühren und erwärmen. Nicht kochen. Das **Kakaopulver** sollte sich vollständig auflösen.

3. Den **Schokodrink** mit einem Stabmixer schaumig pürieren. Auf 2 Tassen verteilen und mit der **geraspelten Schokolade** sowie den **Minzblättern** garnieren. Sofort servieren.

HEISSKALTE TRINKSCHOKOLADE

2 Portionen

35 Minuten

kalt

Zutaten

Trinkschokolade

- 400 ml Pflanzendrink z.B. Mandelmilch
- 2 TL Kakaopulver ungesüßt
- Schokosauce vegan
- Eiswürfel gecrushed
- etwa 4 EL Sprühsahne vegan
- 100 ml Sahne vegan

Schokosauce

- 100 g Rohrohrzucker oder etwa 50 g Dattelsirup
- 25 g Kakao ungesüßt
- 115 ml Kokosmilch
- 2 EL Butter vegan
- 35 g Schokolade vegan
- ¼ EL Vanilleextrakt
- 1 EL Speisestärke
- 2 EL Wasser still
- 1 Prise Salz

Hilfsmittel

- leistungsstarker Stabmixer oder Hochleistungsmixer

Zubereitung

Schokosauce

1. Die **Schokolade** grob hacken. **Stärke** und **Wasser** in eine Schale geben und miteinander verrühren, bis sich die **Stärke** aufgelöst hat.

2. **Zucker**, **Kakao** sowie **Kokosmilch** in einen Topf geben und miteinander vermengen. Unter Rühren einmal aufkochen.

3. **Butter**, **Schokolade**, **Salz** und **Vanilleextrakt** hinzufügen. So lange bei mittlerer Hitze rühren, bis die **Schokolade** geschmolzen ist.

4. Den **Stärke-Mix** zum **Schoko-Mix** geben und so lange bei mittlerer Hitze verrühren, bis eine **cremige Sauce** entsteht.

Trinkschokolade

1. **Pflanzendrink** und **Kakaopulver** in einen Topf füllen. Unter Rühren erhitzen, aber nicht kochen. Das **Kakaopulver** soll sich vollständig auflösen. Danach etwas abkühlen lassen.

2. **Trinkschokolade**, **Eiswürfel**, **Sahne** und 2-4 EL **Schokosauce** in ein höheres Gefäß geben und mit einem leistungsstarken Mixer mixen.

3. Die **heißkalte Trinkschokolade** auf zwei Gläser verteilen, mit **Sprühsahne** und etwas **Schokosauce** toppen. Sofort garnieren.

GEMO SMOOTHIE

1
Portion

10
Minuten

Zutaten

- 250 ml Wasser still
- 50 g Babyspinat
- 50 g Kopfsalat
- ½ Apfel
- ½ Banane
- ½ Kiwi

Hilfsmittel
- Stabmixer

Zubereitung

1. Kopfsalat und **Babyspinat** jeweils waschen und säubern. Die **Banane** schälen und in Scheiben schneiden. Den **Apfel** waschen, entkernen und grob in Stücke schneiden. Die **Kiwi** waschen, optional schälen und in Stücke schneiden.

2. Wasser, Kopfsalat, Babyspinat, Apfel, Banane und Kiwi miteinander zu einem Smoothie pürieren. Sofort servieren.

Tipp: Ist der **Smoothie** flüssiger gewünscht, gern noch etwas **Wasser** unterrühren.

OBST SMOOTHIE

1
Portion

10
Minuten

Zutaten

- 100 ml Orangensaft
- ¼ Mango
- ½ Bananen
- 1 Kiwi
- 1 TL Agavendicksaft oder Dattelsirup
- optional: Eiswürfel, frische Minze

Hilfsmittel
- Stabmixer

Zubereitung

1. Die **Banane** schälen und grob in Stücke schneiden. Die **Kiwi** nach Bedarf schälen und ebenfalls in Stücke schneiden. Die **Mango** säubern, entkernen und grob würfeln.

2. Banane, Mango, Kiwi, Agavendicksaft und **Orangensaft** miteinander zu einem **Smoothie** pürieren. Wer mag, serviert den **Smoothie** mit **Eiswürfeln** und frischer **Minze**.

ERDBEER SMOOTHIE

1 Portion

20 Minuten

Zutaten

- 100 ml Wasser still
- 1 EL Zitronensaft
- 120 g Erdbeeren frisch oder Tiefkühlprodukt
- 50 Himbeeren frisch oder Tiefkühlprodukt
- 1 Banane sehr reif
- 2 EL Haferflocken
- 1 EL Mandeln gemahlen
- 1 EL Leinsamen geschrotet
- warmes Wasser zum Einweichen

Hilfsmittel

- leistungsstarker Stabmixer oder Hochleistungsmixer

Zubereitung

1. Haferflocken, Mandeln und Leinsamen in eine Schale füllen und mit warmem Wasser bedecken. Alles für etwa 6 Min. darin einweichen.

2. Erdbeeren und Himbeeren jeweils säubern und halbieren. Die Banane schälen und in Stücke schneiden.

3. Zitronensaft, 100 ml Wasser, Erdbeeren, Himbeeren, Bananenstücke, eingeweichte Haferflocken, Mandeln und Leinsamen miteinander zu einem Smoothie pürieren. Nach Bedarf noch etwas mehr Wasser dazu geben. Sofort servieren.

MORNING SMOOTHIE

1 Portion

5 Minuten

Zutaten

- 50 ml Wasser
- 100 ml Pflanzendrink z.B. Mandelmilch
- 100 g Himbeeren frisch oder Tiefkühlprodukt
- 100 g Sojajoghurt Pur
- 2 EL Haferflocken
- 1-2 TL Agavendicksaft oder Dattelsirup

Hilfsmittel

- leistungsstarker Stabmixer oder Hochleistungsmixer

Zubereitung

Pflanzendrink, Wasser, Himbeeren, Sojajoghurt, Haferflocken und Agavendicksaft miteinander zu einem Smoothie pürieren. Sofort servieren.

SÜSSKARTOFFEL SMOOTHIE

1 Portion   5 Minuten

Zutaten

- 130 g Süßkartoffeln gekocht, geschält, in Würfel geschnitten und tiefgefroren
- 120-145 ml Pflanzendrink z.B. Hafermilch
- 115 g Sojajoghurt Pur
- 1 EL Agavendicksaft oder Dattelsirup
- 1 EL Nussbutter z.B. Mandelbutter
- 1 EL Hanfsamen
- 1-2 EL Kürbiskuchengewürz
- 1 Prise Salz

Hilfsmittel

- leistungsstarker Stabmixer oder Hochleistungsmixer

Zubereitung

Gefrorene **Süßkartoffeln**, **Pflanzendrink**, **Sojajoghurt**, **Agavendicksaft**, **Nussbutter**, **Hanfsamen**, **Kürbiskuchengewürz** und **Salz** miteinander pürieren, bis ein **cremiger Smoothie** entsteht. Sofort servieren.

Tipp: Je nach gewünschter Konsistenz kann etwas mehr **Pflanzendrink** zum **Smoothie** hinzugefügt werden.

SCHOKO-ERDNUSS SMOOTHIE

1 Portion   5 Minuten

Zutaten

- 1 Banane gefroren
- 230 ml Pflanzendrink ungesüßt, z.B. Mandelmilch
- ½ EL Kakaopulver ungesüßt
- ½ EL Erdnussbutter
- 1 Spritzer Dattelsirup
- optional: gehackte Erdnüsse

Hilfsmittel

- leistungsstarker Stabmixer oder Hochleistungsmixer

Zubereitung

Banane, **Pflanzendrink**, **Kakaopulver**, **Erdnussbutter** und **Dattelsirup** miteinander zu einem **Smoothie** pürieren. Optional mit **gehackten Erdnüssen** bestreuen und sofort servieren.

SCHOKO-ZUCCHINI SMOOTHIE

1
Portion

20
Minuten

Zutaten

- 235 ml Kokosmilch
- 110 g Blumenkohl-
  röschen tiefgefroren
- 80 g Zucchini
- 2 große Datteln ent-
  steint
- 1 EL Erdnussbutter
- 1 EL Kakaopulver
  ungesüßt
- ½ TL Vanilleextrakt
- 1 Prise Salz
- heißes Wasser zum
  Einweichen der
  Datteln
- optional: veganer
  Schokoladensirup
  Rezept S. 11

Hilfsmittel

- leistungsstarker Stab-
  mixer oder Hoch-
  leistungsmixer

Zubereitung

1. Die **Datteln** mit **heißem Wasser** be-
decken und für etwa 10 Min. darin ein-
weichen. Das **Einweichwasser** über ein
Sieb abgießen.

2. Die **Zucchini** säubern und in Scheiben
schneiden.

**3. Kokoksmilch, Blumenkohlröschen,
Zucchini, Datteln, Erdnussbutter, Kakao-
pulver, Vanille** und **Salz** miteinander
pürieren. Den **Smoothie** in ein Glas füllen
und optional mit veganer **Schokoksirup**
garnieren. Sofort servieren. **Tipp:** Für eine
dünnere Konsistenz nach Bedarf etwas
mehr **Kokosmilch** hinzufügen.

APFELSAFT OHNE ENTSAFTER

2-3
Portionen

70
Minuten

Zutaten

- 1 kg Äpfel
- 500 ml Wasser still
- 1 Spritzer Zitronensaft
- optional: Agavendicksaft oder Rohrohrzucker

Hilfsmittel

- Mulltuch
- Küchensieb
- größerer Löffel
- 2 Töpfe

Zubereitung

1. Alle Äpfel waschen und trocknen. Danach entkernen, entstielen und in Stücke schneiden. **Hinweis:** Alle Schadstellen großzügig entfernen.

2. Die **Apfelstücke** in einen Topf geben und mit 500 ml **Wasser** bedecken. Einmal aufkochen und danach bei mittlerer Hitze für etwa 25 Min. köcheln lassen.

3. Das Küchensieb auf einen zweiten Topf legen. Das Mulltuch im Küchensieb auslegen. Die **gekochte Apfelmasse** in das Mulltuch hineingießen. **Vorsicht heiß!**

4. Mithilfe eines größeren Löffels den **Saft** aus der **Apfelmasse** ausstreichen. Zustätzlich das Mulltuch ausdrücken, damit so viel **Saft** wie möglich ausgepresst wird.

5. Den **Saft** mit **Zitronensaft** und **Agavendicksaft** abschmecken.

6. Den **Apfelsaft** erneut einmal aufkochen. Danach bei mittlerer Hitze für weitere 25 Min. köcheln lassen. **Hinweis:** Den **Schaum** mit einer Kelle von der Oberfläche abschöpfen.

7. Den **Apfelsaft** in sterile Flaschen abfüllen. Bis zum Verzehr kühl und dunkel lagern. Innerhalb von etwa 6 Wochen aufbrauchen.

KAROTTENSAFT OHNE ENTSAFTER

3-4 Portionen

30 Minuten

Zutaten

- 1500 g Karotten
- 1500 ml Wasser lauwarm
- 1½ EL Sonnenblumenöl

Hilfsmittel

- leistungsstarker Stabmixer oder Hochleistungsmixer

Zubereitung

1. Die **Karotten** schälen und grob würfeln.

2. **Karotten**, **Wasser** und **Sonnenblumenöl** miteinander fein pürieren.

3. Die **Karottenmasse** in ein feines Sieb gießen. Dabei den **Karottsaft** auffangen.

4. Den **Karottensaft** in Flaschen abfüllen. Kühl und dunkel lagern. Innerhalb von etwa 2 bis 4 Tagen aufbrauchen.

ANANAS-BIRNEN-TRAUBEN SAFT

2 Portionen

20 Minuten

Zutaten

- 250 g Birne
- 130 g Ananas
- 150 g Trauben rot
- etwa 1 Hand voll Minzblättchen frisch

Hilfsmittel

- leistungsstarker Stabmixer oder Hochleistungsmixer
- feines Küchensieb oder Mulltuch

Zubereitung

1. Die **Birnen** waschen, entkernen und in Stücke schneiden. Die **Trauben** waschen und von den Stielen abzupfen. Von der **Ananas** Strunk sowie Schale entfernen und das Fruchtfleisch in Stücke schneiden.

2. **Birne**, **Ananas**, **Trauben** und **Minze** in ein höheres Gefäß füllen und miteinander pürieren.

3. Je nach gewünschter Konsistenz die **Fruchtmasse** durch ein feines Küchensieb streichen. Dabei den **Saft** auffangen.

4. Den aufgefangenen **Saft** auf zwei Gläser verteilen. Sofort servieren.

PFIRSICH JOGHURTDRINK

1-2
Portionen

10
Minuten

Zutaten

- 150 g Sojajoghurt z.B. Vanillegeschmack
- 2 Orangen
- 1 Pfirsich groß
- 2 Bananen

Hilfsmittel
- Stabmixer

Zubereitung

1. Die **Orangen** waschen, halbieren und den **Saft** auspressen. Den **Pfirsich** waschen, halbieren, entkernen und grob würfeln. Die **Bananen** schälen und in Scheiben schneiden.

2. Orangensaft, Sojajoghurt, Bananen und **Pfirsichwürfel** in ein höheres Gefäß geben. Alles mit einem Stabmixer fein pürieren.

3. Den **Joghurtdrink** auf 1 bis 2 Gläser verteilen. Sofort servieren.

ERDBEER JOGHURTDRINK

1
Portion

5
Minuten

Zutaten

- 150 g Sojajoghurt Pur
- etwa 2-3 Erdbeeren frisch oder angetaute Tiefkühl-Erdbeeren
- optional: Zimt, Dattelsirup

Hilfsmittel
- Stabmixer

Zubereitung

1. Die **Erdbeeren** waschen und halbieren.

2. Erdbeeren und **Sojajoghurt** in ein höheres Gefäß geben. Alles mit einem Stabmixer pürieren. Wer mag, schmeckt den **Joghurtdrink** optional mit **Dattelsirup** und etwas **Zimt** ab.

3. Den **Joghurtdrink** in ein Glas füllen. Sofort servieren.

BANANEN JOGHURTDRINK

1
Portion

5
Minuten

Zutaten

- ½ Banane reif
- 100 g Sojajoghurt
- 50 ml Pflanzendrink
  z.B. Hafermilch
- 1-2 TL Agavendicksaft
  oder 4 TL Rohrohr-
  zucker
- 1-2 Eiswürfel

Hilfsmittel

- leistungsstarker
  Stabmixer oder
  Hochleistungsmixer

Zubereitung

1. Die **Banane** schälen und in Scheiben schneiden.

2. Bananenscheiben, Joghurt, Pflanzen-drink, Agavendicksaft und Eiswürfel in ein höheres Gefäß geben. Alles mit einem Stabmixer fein pürieren.

3. Den **Joghurtdrink** in ein Glas füllen. Sofort servieren.

APFEL JOGHURTDRINK

1
Portion

5
Minuten

Zutaten

- 100 ml Apfelsaft z.B.
  naturtrüb
- 100 g Sojajoghurt Pur
- 1-2 TL Agavendicksaft
  oder Rohrohrzucker
- 1-2 EL Zitronensaft
- 1-2 Eiswürfel

Hilfsmittel

- leistungsstarker
  Stabmixer oder
  Hochleistungsmixer

Zubereitung

1. Apfelsaft, Zitronensaft, Joghurt, Agavendicksaft und Eiswürfel in ein höheres Gefäß geben. Alles mit einem Stabmixer fein pürieren.

2. Den **Joghurtdrink** in ein Glas füllen. Sofort servieren.

TOMATEN JOGHURTDRINK

1
Portion

5
Minuten

Zutaten

- 150 g Sojajoghurt Pur
- 50 ml Pflanzendrink
  z.B. Mandelmilch
- 1 EL Agavendicksaft

Hilfsmittel
- Schneebesen

Zubereitung

1. Joghurt, **Pflanzendrink** und **Agaven-dicksaft** miteinander vermixen.

2. Den **Joghurtdrink** in ein Glas füllen. Sofort servieren.

KAROTTEN JOGHURTDRINK

1
Portion

5
Minuten

Zutaten

- 100 g Sojajoghurt Pur
- 100 ml Karottensaft
- 1 EL Rohrohrzucker
  oder Agavendicksaft

Hilfsmittel
- Schneebesen

Zubereitung

1. Joghurt, **Karottensaft** und **Rohrohr-zucker** miteinander vermixen.

2. Den **Joghurtdrink** in ein Glas füllen. Sofort servieren.

HIMBEER JOGHURTDRINK

1
Portion

5
Minuten

Zutaten

- 100 g Sojajoghurt Pur
- 100 ml Mineralwasser
- 1-2 EL Himbeersirup

Hilfsmittel

- Schneebesen

Zubereitung

1. Joghurt, Mineralwasser und **Himbeer-sirup** miteinander vermengen. **Tipp:** Nicht zu lange verrühren, da das **Mineral-wasser** sonst zu sehr an Sprudel verliert.

2. Den **Joghurtdrink** in ein Glas füllen. Sofort servieren.

HASELNUSS JOGHURTDRINK

1
Portion

5
Minuten

Zutaten

- 100 g Sojajoghurt Pur
- 50 g Sahne vegan, alternativ: 50 g Sojajoghurt
- 2 EL Haselnüsse gemahlen
- 2 TL Agavendicksaft oder Dattelsirup
- 1-2 Eiswürfel
- optional: vegane Schokostreusel

Hilfsmittel

- leistungsstarker Stabmixer oder Hochleistungsmixer

Zubereitung

1. Joghurt, Sahne, Haselnüsse, **Agaven-dicksaft** und **Eiswürfel** fein pürieren.

2. Den **Joghurtdrink** in ein Glas füllen und optional mit **Schokostreusel** bestreuen. Sofort servieren.

MORNING JOGHURTDRINK

1
Portion

5
Minuten

Zutaten

- 100 g Sojajoghurt Pur
- 1 TL Nüsse gemahlen, z.B. Mandeln
- 100 ml Johannisbeer-saft
- 1-2 TL Agavendicksaft oder 4 TL Rohrohr-zucker
- 1-2 Eiswürfel

Hilfsmittel

- leistungsstarker Stab-mixer oder Hoch-leistungsmixer

Zubereitung

1. Joghurt, Nüsse, Johannisbeersaft, Agavendicksaft und Eiswürfel fein pürieren.

2. Den Joghurtdrink in ein Glas füllen. Sofort servieren.

BANANEN SHAKE

1 Portion   5 Minuten

Zutaten

- 1 Banane reif
- 150 ml Pflanzendrink z.B. Mandelmilch
- 130 g Sojajoghurt Pur
- 1 EL Agavendicksaft oder Dattelsirup
- Eiswürfel
- optional: 1 Prise Zimt

Hilfsmittel
- Stabmixer

Zubereitung

1. Die **Banane** schälen und grob in Scheiben schneiden.

2. Bananenscheiben, Pflanzendrink, Soja-joghurt, Agavendicksaft und optional **Zimt** in ein höheres Gefäß geben. Alles miteinander pürieren.

3. Eiswürfel und **Shake** in ein Glas füllen. Sofort servieren.

FRUCHT SHAKE

1 Portion   10 Minuten

Zutaten

- 80 ml Pflanzendrink z.B. Hafermilch
- 230 g Sojajoghurt Pur
- 30 g Haferflocken
- 25 g Erdbeeren frisch
- 25 g Himbeeren frisch
- optional: 1 TL Agaven-dicksaft, 1 TL ge-hackte Pistazien

Hilfsmittel
- Stabmixer

Zubereitung

1. Himbeeren und **Erdbeeren** jeweils waschen und etwas trocknen.

2. Pflanzendrink, Sojajoghurt, Hafer-flocken, Erdbeeren und **Himbeeren** in ein höheres Gefäß geben. Alles miteinander pürieren.

3. Den **Shake** in ein Glas füllen, optional mit **Agavendicksaft** süßen und mit **Pistazien** bestreuen. Sofort servieren.

EIWEISS SHAKE

1 Portion   5 Minuten

Zutaten

- 250 ml Pflanzendrink z.B. Mandelmilch
- 100 g Beeren tiefgekühlt, z.B. im Mix
- ½ Banane reif
- 1 EL Haferflocken
- 1 EL Nussmus z.B. Mandelmus
- 50 g Kichererbsen verzehrfertig, z.B. Konserve
- 1 TL Leinsamen
- 1 TL Kürbiskerne oder Sonnenblumenkerne
- 1 Spritzer Zitronensaft

Hilfsmittel
- leistungsfähiger Stabmixer oder Hochleistungsmixer

Zubereitung

1. Die **Banane** schälen und grob in Scheiben schneiden.

2. **Bananenscheiben, Pflanzendrink, Beeren, Haferflocken, Nussmus, Kichererbsen, Leinsamen, Kürbiskerne** und **Zitronensaft** in ein höheres Gefäß geben. Alles miteinander pürieren. **Tipp:** Ist der **Shake** zu dickflüssig, etwas **Wasser** oder **Pflanzendrink** hinzufügen.

3. Den **Shake** in ein Glas füllen. Sofort servieren.

CHUNKY MONKEY

1
Portion

15
Minuten

Zutaten

- 250 ml Pflanzendrink z.B. Mandelmilch
- 2 Datteln entsteint
- 1 Banane gefroren
- 15 g Zartbitterschokolade vegan
- 10 g Cashewkerne
- 1 TL Mandelmus
- heißes Wasser zum Einweichen der Datteln
- optional: Kokoscreme oder vegane Schlagcreme als Topping

Hilfsmittel

- Küchensieb
- leistungsstarker Stabmixer oder Hochleistungsmixer

Zubereitung

1. Die **Datteln** für etwa 10 Min. in heißes **Wasser** einweichen. Danach das **Einweichwasser** über ein Sieb abgießen.

2. Die **Schokolade** grob hacken.

3. Pflanzendrink, Datteln, Bananen, Schokolade, Cashewkerne und **Mandelmus** in ein höheres Gefäß geben. Alles cremig pürieren.

4. Den **Chunky Monkey** in ein Glas gießen. Sofort servieren.**Tipp:** Optional mit **Schlagcreme** oder **Kokoscreme** toppen.

ERDNUSSBUTTER SHAKE

1
Portion

10
Minuten

Zutaten

- 1½ Bananen gefroren
- 1-2 EL Erdnussbutter
- 60 ml Pflanzendrink z.B. Haferdrink
- 1 Prise Zimt
- 1-2 TL Dattelsirup oder Agavendicksaft
- optional: gehackte Erdnüsse, vegane Schlagcreme

Hilfsmittel

- leistungsstarker Stabmixer oder Hochleistungsmixer

Zubereitung

1. Gefrorene Bananen, Erdnussbutter und **Pflanzendrink** in ein höheres Gefäß geben und pürieren.

2. Mit **Zimt** und **Dattelsirup** abschmecken. Den **Shake** in ein Glas füllen. Sofort servieren.

Tipp: Den **Shake** mit **gehackten Erdnüssen** und **Schlagcreme** toppen.

ERDBEER-BASILIKUM SHAKE

1 Portion   15 Minuten

Zutaten

- 200 ml Pflanzendrink z.B. Mandelmilch
- 80 g Erdbeeren
- 40 g Sojajoghurt Pur
- 2-4 Basilikumblätter
- 1 TL Agavendicksaft oder Dattelsirup
- 1 Msp. Vanilleextrakt
- 1 TL Erdbeermarmelade ohne Stücke, vegan
- 1 Prise Salz

Hilfsmittel

- Stabmixer

Zubereitung

1. Die **Erdbeeren** waschen, entstielen und halbieren.

2. **Pflanzendrink, Erdbeeren, Soja-joghurt, Basilikum, Agavendicksaft, Vanille** und **Salz** in ein höheres Gefäß geben. Alles miteinander fein pürieren.

3. Mit der **Erdbeermarmelade** einzelne Tupfen in ein Glas "malen". Den **Shake** aufgießen und sofort servieren. **Tipp:** Mit frischen **Basilikumblättern** garnieren.

SCHOKO SHAKE

1 Portion   15 Minuten

Zutaten

- 1½ Bananen gefroren
- 2 Datteln entsteint
- 1½ EL Kakaopulver ungesüßt
- 120 ml Pflanzendrink z.B. Mandelmilch
- heißes Wasser zum Einweichen der Datteln

Hilfsmittel

- Küchensieb
- leistungsstarker Stab-mixer oder Hoch-leistungsmixer

Zubereitung

1. Die **Datteln** für etwa 10 Min. in heißes **Wasser** einweichen. Das **Ein-weichwasser** danach über ein Sieb abgießen.

2. **Gefrorene Bananen, Datteln, Kakaopulver** und **Pflanzendrink** in ein höheres Gefäß geben. Alles cremig pürieren.

3. Den **Shake** in ein Glas füllen. Sofort servieren.

CHEESECAKE SHAKE

1
Portion

20
Minuten

Zutaten

- 125 g Erdbeeren frisch
- 20 g Haselnüsse gehackt
- 1 TL Agavendicksaft oder 2 TL Rohrrohrzucker
- 50 g Vanilleeis vegan
- 1 EL Frischecreme oder veganer Joghurt
- Sprühsahne vegan

Hilfsmittel
- Pfanne beschichtet
- Stabmixer

Zubereitung

1. Die **Erdbeeren** waschen, entstielen und halbieren.

2. Die **Haselnüsse** in einer beschichteten Pfanne bei mittlerer Hitze anrösten. Mit **Agavendicksaft** beträufeln und etwas karamellisieren lassen. Danach auf einem Teller abkühlen lassen.

3. **Erdbeeren, Vanilleeis** und **Frischecreme** zu einem **Shake** pürieren.

4. Den **Shake** in ein Glas füllen und mit **Sprühsahne** und **Haselnüssen** garnieren. Sofort servieren.

SCHOKO-MINZ SHAKE

2
Portionen

15
Minuten

Zutaten

- 1 Hand voll Babyspinat
- 240 ml Pflanzendrink z.B. Haferdrink
- ½ Avocado
- 1 Banane gefroren
- 20 g Minze frisch
- 2 EL Kakaonibs vegan
- etwa 1 Hand voll Eiswürfel

Hilfsmittel
- leistungsstarker Stabmixer oder Hochleistungsmixer

Zubereitung

1. Die **Avocado** schälen und entkernen.

2. **Spinat, Pflanzendrink, Eiswürfel, Avocado, Banane** und **Minze** zu einem **cremigen Shake** pürieren.

3. Den **Schoko-Minz Shake** in ein Glas füllen und mit **Kakaonibs** toppen. Sofort servieren.

FREAK SHAKE

1
Portion

20
Minuten

Zutaten

- 30-50 g Zartbitter-schokolade vegan
- ½ Banane reif
- 2 TL Agavendicksaft oder Dattelsirup
- 1 Msp. Vanille
- 100 ml Pflanzendrink z.B. Hafermilch
- 1 Kugel Schokoeis vegan
- Mini-Brezeln vegan
- Sprühsahne vegan

Hilfsmittel

- Stabmixer
- Küchenreibe

Zubereitung

1. Einen Teil der **Schokolade** fein raspeln. Den anderen Teil im Wasserbad schmelzen.

2. Den Glasrand mit der **geschmolzenen Schokolade** bestreichen und die **Mini-Brezeln** daran festkleben.

3. Die **Banane** schälen und in Scheiben schneiden.

4. Bananenscheiben, Agavendicksaft, Vanille und **Pflanzendrink** in ein höheres Gefäß geben und miteinander pürieren.

5. Den **Shake** in das Glas füllen. Mit **Schokoeis** und **Sprühsahne** toppen. Sofort servieren.

ERDBEER COCKTAIL

2 Portionen   **15 Minuten**

Zutaten

- 150 g Erdbeeren frisch oder angetautets Tiefkühlprodukt
- 1 EL Zitronensaft
- 1 EL Puderzucker
- 200 ml Maracujasaft
- 400 ml Bitter Lemon
- 1 Hand voll Eiswürfel
- optional zur Deko: Minzblätter, frische Erdbeeren

Hilfsmittel
- Stabmixer

Zubereitung

1. Die **Erdbeeren** waschen, entstielen und halbieren.

2. **Erdbeeren**, **Zitronensaft** und **Puderzucker** miteinander pürieren.

3. Den **pürierten Erdbeer-Mix** als unterste Schicht auf zwei Gläser verteilen. Gleichmäßig **Eiswürfel** in die Gläser füllen. Je Glas mit 100 ml **Maracujasaft** und 200 ml **Bitter Lemon** auffüllen. Sofort servieren. **Tipp:** Die Gläser mit **frischen Erdbeeren** und **Minze** garnieren.

HIMBEER-ERDBEER COCKTAIL

2 Portionen 15 Minuten

Zutaten

- 370 ml Mineralwasser
- Schale und Saft einer ½ Zitrone Bio
- 4 EL Rohrohrzucker oder 2 EL Agaven- dicksaft
- 4 EL Erdbeer- marmelade vegan
- 1 Hand voll Erdbeeren und Himbeeren im Mix frisch oder angetautes Tiefkühlprodukt
- etwa 1 Hand voll Eiswürfel
- optional: frischer Thymian

Zubereitung

1. Himbeeren sowie **Erdbeeren waschen** und entstielen. Vorsichtig trocken tupfen.

2. Zucker, Erdbeermarmelade, etwas **Zitronensaft** und **Zitronenschale** mit- einander verrühren. Den Mix auf zwei Gläser verteilen.

3. Die Gläser gleichmäßig mit **Erdbeeren** und **Himbeeren** befüllen. Jeweils mit **Mineralwasser** auffüllen und verrühren. Die **Eiswürfel** dazugeben und sofort genießen. **Tipp:** Mit frischem **Thymian** garnieren.

ORABEER COCKTAIL

1-2 Portionen 10 Minuten

Zutaten

- 6 Erdbeeren frisch
- 200 ml Orangensaft
- 2 EL Zitronensaft
- 2 TL Agavendicksaft oder 4 TL Rohrohr- zucker
- etwa 1 Hand voll Eiswürfel

Hilfsmittel

- Stabmixer

Zubereitung

1. Die **Erdbeeren** waschen, entstielen und halbieren.

2. Erdbeeren, Orangensaft, Zitronensaft und **Agavendicksaft** in ein höheres Gefäß füllen. Alles miteinander pürieren.

3. Die **Eiswürfel** auf zwei Gläser verteilen und mit dem **Cocktail** aufgießen. Sofort servieren.

BUTTERFLY COCKTAIL

2
Portionen

20
Minuten

Zutaten

- 200 ml Wasser still
- 2 Beutel Butterfly Pea Tea online erhältlich
- 1 Pitahaya frisch
- 200 ml Limonade Wildbeere
- 40 ml Grenadine Sirup
- 2 EL Zitronensaft
- etwa 1 Hand voll Eiswürfel

Zubereitung

1. Die **Teebeutel** mit 200 ml **kaltem Wasser** aufgießen. Für etwa 6 Min. ziehen lassen, bis das **Wasser** blau ist.

2. Die **Pitahaya** halbieren und mit einem Kugelausstecher Kugeln aus dem **Fruchtfleisch** heben. Alternativ das **Fruchtfleisch** würfeln.

3. Die **Eiswürfel** auf zwei Gläser verteilen. Mit **Limonade**, **Zitronensaft** und **Grenadine** auffüllen. Alles gut verrühren.

4. Das **Pitahaya-Fruchtfleisch** dazu geben. Den **blauen Tee** mithilfe eines Löffels in die Gläser einfließen lassen. **Hinweis:** Für einen schönen Effekt, sollten sich die Farben im Glas nicht sofort vermischen.

PFIRSICH COCKTAIL

2
Portionen

20
Minuten

Zutaten

- 2 Pfirsiche frisch
- 80 g Rohrohrzucker
  alternativ 40 g Agaven-
  dicksaft
- 1 Zimtstange
- 1 Nelke
- 2 EL Zitronensaft
- 200 ml Wasser still
- 1 Banane
- 100 ml Apfelsaft z.B.
  naturtrüb
- etwa 1 Hand voll
  Eiswürfel

Hilfsmittel

- Stabmixer

Zubereitung

1. Die **Pfirsiche** halbieren, entkernen und schälen. Danach in Stücke schneiden. Die **Banane** schälen und in Scheiben schneiden.

2. Pfirsichstücke, Rohrohrzucker, Zimtstange, Nelke, Zitronensaft und **Wasser** in einen Topf geben. Einmal aufkochen. Danach bei mittlerer Hitze für weitere 5 Min. köcheln lassen.

3. Nelke und **Zimtstange** entfernen. **Bananenscheiben** und **Apfelsaft** dazugeben. Alles mit einem Stabmixer pürieren.

4. Eiswürfel auf zwei Gläser verteilen und mit dem **Cocktail** auffüllen. Sofort servieren.

SUNRISE COCKTAIL

2
Portionen

20
Minuten

Zutaten

- 130 ml Ananassaft
- 230 ml Orangensaft
- 30 ml Zitronensaft
- 2 EL Grenadine Sirup
- etwa 1 Hand voll Eiswürfel

Hilfsmittel
- Cocktail Shaker
- Esslöffel

Zubereitung

1. **Ananassaft, Orangensaft** und **Zitronensaft** in einen Cocktail Shaker füllen und mixen. Alternativ alles in einem Saftkrug miteinander vermischen.

2. Die **Eiswürfel** auf zwei Gläser verteilen und mit dem **Cocktail** aufgießen.

3. An den Glasrändern einen Esslöffel ansetzen und jeweils 1 EL **Grenadine** in den **Cocktail** einfließen lassen. Dabei entsteht ein rot-gelber Farbverlauf. Sofort servieren.

ZITRONEN MOCKTAIL

2
Portionen

40
Minuten

Zutaten

- 4 Zitronen
- 5 TL Rohrohrzucker
  oder 2 TL Agavendick-saft
- 400 ml Mineralwasser
- 2 Zweige Minze frisch

Hilfsmittel
- Zitronenpresse

Zubereitung

1. Die **Zitronen** waschen und halbieren. Jeweils den **Saft** auspressen und auffangen. Die **Minze** waschen und trocken schütteln.

2. **Zitronensaft** und **Rohrohrzucker** gleichmäßig in zwei Gläser füllen und vermischen. Jeweils mit **Mineralwasser** auffüllen. Für etwa 20 Min. im Kühl-schrank ziehen lassen.

3. Kurz vor dem Servieren die **Minz-zweige** dazu geben. Sofort servieren.

WASSERMELONEN MOCKTAIL

2 Portionen 20 Minuten

Zutaten

- 150 g Fruchtfleisch einer Wassermelone ohne Kerne
- 330 ml Mineralwasser
- 15 ml Limettensaft
- 8-10 Minzblätter frisch
- 1 Hand voll Eiswürfel
- optional zur Deko: Limettenschnitze, frische Minze, Wassermelonenscheiben

Hilfsmittel

- Stabmixer
- Küchensieb
- Stößel z.B. aus Holz

Zubereitung

1. Das **Fruchtfleisch** der **Wassermelone** in Würfel schneiden. Die **Minzblätter** waschen und trocken schütteln.

2. **Wassermelonenwürfel** und **Limettensaft** miteinander pürieren. Den **Mix** über ein Sieb abgießen. Dabei den **Saft** auffangen.

3. Die **Minzblätter** gleichmäßig auf zwei Gläser verteilen. Mit einem Stößel die **Minzblätter** etwas zerstoßen, damit das **Aroma** frei wird.

4. Die **Eiswürfel** ebenfalls auf die zwei Gläser verteilen und jeweils mit dem **Melonen-Limettensaft** befüllen. Mit **Mineralwasser** auffüllen und etwas verrühren. Sofort servieren. **Tipp:** Den **Mocktail** mit **Minze**, **Limettenschnitze** oder **Wassermelonenscheiben** dekorieren.

PIÑA COLADA

2 Portionen **10 Minuten**

Zutaten

- 240 ml Ananassaft
- 220 g Ananas gefroren
- 180 ml Kokoscreme
- etwa 1 Hand voll Eiswürfel

Hilfsmittel

- Hochleistungsmixer

Zubereitung

1. Ananassaft, gefrorene Ananas, Kokoscreme und Eiswürfel in einen Hochleistungsmixer geben. Alles zu einem cremigen Cocktail pürieren.

2. Die Piña Colada gleichmäßig auf zwei Gläser verteilen. Sofort servieren. Tipp: Optional den Glasrand mit frischen Ananasscheiben dekorieren.

PINK MOCKTAIL

2 Portionen **10 Minuten**

Zutaten

- 150 ml Orangensaft
- 150 g Himbeeren frisch, alternativ: frische Erdbeeren
- 1 Spritzer Limettensaft
- 2 Zweige Minze frisch
- 50 ml Sahne vegan
- etwa 2 Hände voll Eiswürfel

Hilfsmittel

- Cocktail Shaker
- Stößel z.B. aus Holz

Zubereitung

1. Die Himbeeren säubern. Die Minze waschen und trocken schütteln.

2. Etwa 100 g der Himbeeren und 45 ml vom Orangensaft in einen Cocktail Shaker füllen. Alles mit einem Stößel zerstampfen.

3. Den restlichen Orangensaft, Sahne und Limettensaft dazugeben. Mit etwa 1 Hand voll Eiswürfel auffüllen und alles gut schütteln.

4. Etwa 1 Hand voll Eiswürfel auf zwei Gläser verteilen und mit dem Cocktail auffüllen. Mit den restlichen Himbeeren und der frischen Minze garnieren. Sofort serivieren.

GRANATAPFEL MOCKTAIL

2-3
Portionen

15
Minuten

Zutaten

- ½ Granatapfel
- Basilikum frisch
- ½ Flasche Sekt alkohol-
  frei oder Tonic Water
- Saft einer ½ Limette
- 2 TL Grenadine Sirup
- Crushed Eis

Zubereitung

1. Den **Granatapfel** entkernen. Die **Kerne** gleichmäßig auf zwei Gläser verteilen.

2. Das **Basilikum** waschen, trocken schütteln und hacken. Ebenfalls auf die Gläser verteilen.

3. Das **Crushed Eis** ebenfalls auf die Gläser verteilen. In jedes Glas 1 TL **Grenadine** und zu gleichen Teilen **Limettensaft** füllen. Mit **Sekt** aufgießen. Sofort servieren.

TONIC MOCKTAIL

2
Portionen

10
Minuten

Zutaten

- 1 Stück Grapefruit
- 1-2 Zweige Rosmarin
- 300 ml Tonic Water
- 40 ml Grapefruitsaft
- etwa 1 Hand voll
  Eiswürfel

Zubereitung

1. Die **Grapefruit** waschen, trocknen und in Scheiben schneiden. Die **Rosmarin-zweige** ebenfalls waschen und trocken schütteln.

2. Die **Eiswürfel** auf zwei Gläser verteilen. Die **Grapefruitscheiben** und die **Rosmarinzweige** dazugeben. Mit **Tonic Water** und **Grapefruitsaft** auffüllen und kurz umrühren. Sofort servieren.

FRÜCHTE BOWLE

4 Portionen **130 Minuten**

Zutaten

- 350 g Kirschen frisch
- 80 g Heidelbeeren frisch
- 1-2 Zweige Minze frisch
- 1 kleines Stück Mango frisch
- 350 ml Mango-Maracuja Saft oder Nektar
- 1 l Apfelsaftschorle
- etwa 2 Hände voll Eiswürfel

Zubereitung

1. Die **Mango** schälen und würfeln. **Kirschen, Heidelbeeren** und **Minze** waschen. **Hinweis:** Die **Kirschstiele** nicht entfernen.

2. **Mango-Maracuja Saft** sowie **Apfelsaftschorle** in eine große Schüssel füllen und miteinander vermengen. Die **Eiswürfel** dazugeben.

3. **Kirschen, Heidelbeeren, Mangostücke** und **frische Minze** dazugeben. Für etwa 2 Stunden kalt stellen.

HIMBEER BOWLE

4 Portionen **25 Minuten**

Zutaten

- 200 g Himbeeren tiefgefroren
- 70 ml Holunderblüten-sirup siehe S. 15
- 400 ml Mineralwasser 400 ml Cranberrysaft oder Nektar
- 1-2 Zweige Minze frisch
- optional: etwa 2 Hände voll Eiswürfel

Zubereitung

1. Die **Minzzweige** waschen und trocken schütteln. Die **Blätter** abzupfen.

2. **Holunderblütensirup** und **Himbeeren** in eine große Schüssel geben und für etwa 10 Min. ziehen lassen.

3. **Cranberrysaft** und **Minzblätter** zur Bowle geben. Mit **Mineralwasser** aufgießen und umrühren. Optional **Eiswürfel** dazugeben.

BEEREN BOWLE

4 Portionen   35 Minuten

Zutaten

- 250 g Heidelbeeren frisch
- 100 g Himbeeren frisch
- etwa ½ Bund Zitronen-melisse
- 700 ml Apfelsaft vegan
- 300 ml Weißwein alkoholfrei & vegan
- 300 ml Sekt alkoholfrei
- 300 ml Mineralwasser
- etwa 2 Hände voll Eiswürfel

Zubereitung

1. Heidelbeeren und **Himbeeren** waschen und etwas trocken tupfen. Die **Zitronen-melisse** ebenfalls waschen und trocken schütteln.

2. Apfelsaft, Weißwein, Himbeeren, Heidelbeeren und **Zitronenmelisse** in eine große Schüssel füllen. Alles für etwa 25 Min. im Kühlschrank durchziehen lassen.

3. Die **Eiswürfel** dazugeben und mit **Sekt** und **Mineralwasser** auffüllen. Sofort servieren.

ANANAS BOWLE

8-10 Portionen   135 Minuten

Zutaten

- 1 kleine Ananas frisch
- 1 Zitrone
- 1 l Apfelsaft
- 500 ml Traubensaft
- 500 ml Mineralwasser

Hilfsmittel

- Zitronenpresse

Zubereitung

1. Die **Ananas** schälen und in Stücke schneiden.

2. Die **Zitrone** auspressen und den Saft auffangen.

3. Zitronensaft, Ananasstücke und 500 ml **Apfelsaft** in eine große Schüssel geben. Für etwa 120 Min. im Kühlschrank ziehen lassen.

4. Die restlichen 500 ml **Apfelsaft, Traubensaft** und **Mineralswasser** zur Bowle geben. Sofort servieren.

ORANGE-ANANAS BOWLE

4
Portionen

75
Minuten

Zutaten

- 500 g Ananas frisch
- 1 Orange Bio
- 1 TL Limettensaft
- 1 TL Zitronensaft
- 400 ml Ginger Ale
- 200 ml Eistee z.B.
  Orange-Maracuja-
  geschmack
- 600 ml Mineralwasser
- etwa 2 Hände voll
  Eiswürfel

Hilfsmittel
- Küchenreibe
- Saftpresse

Zubereitung

1. Die **Ananas** schälen und würfeln. Die **Orange** waschen, trocknen und halbieren. Mit einer Küchenreibe von einer **Orangen-hälfte** die **Orangenschale** abraspeln und den **Saft** auspressen. Die andere **Orangen-hälfte** in Scheiben schneiden.

2. Ananas, Orangenabrieb, Orangensaft, Limettensaft, Zitronensaft und 150 ml **Ginger Ale** in eine große Schüssel füllen Alles verrühren und für etwa 50 Min. im Kühlschrank durchziehen lassen.

3. Eiswürfel, Mineralwasser, Eistee und das **restliche Ginger Ale** dazugeben. **Orangen-scheiben** hineingeben und servieren.

APFEL PUNSCH

3-4 Portionen · **35 Minuten**

Zutaten

- 1 Apfel
- 1 Orange
- 1 l Apfelsaft z.B. natur-trüb
- Agavendicksaft oder Dattelsirup
- Zimt
- optional: Vanillextrakt oder etwas Mark einer Vanilleschote

Hilfsmittel
- Küchenreibe

Zubereitung

1. Den **Apfel** waschen, schälen, halbieren und entkernen.

2. Den **Apfelsaft** in einen Topf geben und bei mittlerer Hitze erwärmen. Nicht kochen! Den **geschälten Apfel** mit einer Küchenreibe fein reiben und zum **warmen Apfelsaft** geben.

3. Die **Orange** waschen, schälen und filetieren. Die **Orangenscheiben** ebenfalls zu dem **warmen Apfelsaft** geben.

4. Den **Punsch** mit **Agavendicksaft**, **Zimt** und **Vanille** abschmecken. Für etwa 12 Min. bei mittlerer Hitze köcheln lassen. Dabei gelegentlich umrühren. Sofort servieren.

KINDER PUNSCH

4-6 Portionen · **30 Minuten**

Zutaten

- 2 Beutel Früchte-tee z.B. Hagebutte
- ½ Zimtstange
- ½ Orange Bio
- 1 Sternanis
- 2 Nelken
- 1 l Wasser still

Hilfsmittel
- Teesieb

Zubereitung

1. 1 l **Wasser** in einen Topf füllen und zum Kochen bringen. Die **Teebeutel** darin ziehen lassen.

2. Die **Orange** waschen, trocknen und in dünne Scheiben schneiden. Die **Orangenscheiben** zum **Tee** in den Topf geben.

3. **Zimtstange**, **Sternanis** und **Nelken** in ein Teesieb füllen. Ebenfalls in den Topf hängen. Das Ganze etwa 15 Min. offen köcheln lassen.

4. **Orangenscheiben**, **Teebeutel** und **Teesieb** entfernen. Den **heißen Punsch** auf Gläser verteilen.

BEEREN PUNSCH

4
Portionen

40
Minuten

Zutaten

- 2 Äpfel
- 2 Orangen Bio
- 1 l Wasser still
- 100 ml Kirschsaft
- 300 g Beerenmischung
  gefroren
- 70 g Rohrohrzucker
- 1 Zimtstange
- 2 Nelken
- 1 Prise Lebkuchen-
  gewürz

Hilfsmittel
- Küchensieb

Zubereitung

1. Die **Äpfel** waschen, trocknen und schälen. Danach entkernen und in Stücke schneiden.

2. Eine der **Orangen** waschen, trocknen und pellen. Etwas von den **Orangenschalen** aufbewahren. Das **Fruchtfleisch** in Stücke schneiden. Die andere **Orange** ebenfalls waschen, trocknen und in Scheiben schneiden.

3. **Wasser, Kirschsaft, gefrorene Beeren, Apfelstücke, Orangenschale, Orangenfruchtfleisch, Rohrohrzucker, Zimtstange, Nelken** und **Lebkuchengewürz** in einen Topf geben. Alles einmal aufkochen. Die **Orangenschale** nach etwa 3 Min. entfernen.

4. Den **Punsch** bei mittlerer Hitze für etwa 10 Min. köcheln lassen. Danach über ein Küchensieb abgießen und den **Punsch** auffangen.

5. Die **Orangenscheiben** auf Tassen verteilen und mit dem **Punsch** auffüllen. Sofort servieren.

WINTER PUNSCH

4 Portionen **40 Minuten**

Zutaten

- 1 l Tee z.B. Früchtetee-mischung
- 500 ml Apfelsaft
- 200 ml Traubensaft rot
- 200 ml Orangensaft
- 1-2 EL Agavendicksaft oder Dattelsirup
- 1-2 Sternanis
- 1 TL Vanilleexrakt
- 1 Zimtstange
- 1 Beutel Glühwein-gewürz
- 1 Orange Bio
- 1 Limette Bio

Zubereitung

1. Tee, Apfelsaft, Traubensaft, Orangen-saft, Agavendicksaft, Sternanis, Vanille, **Zimtstange** und **Glühweingewürz** in einen Topf geben.

2. Den **Punsch** für etwa 12 Min. bei kleiner Hitze köcheln lassen. Danach **Zimtstange** und **Sternanis** entfernen.

3. **Orange** und **Limette** waschen, trocknen und jeweils vierteln.

4- **Orangen-** sowie **Limettenviertel** zum **Punsch** geben und servieren.

GLÜHWEIN PUNSCH

4
Portionen

35
Minuten

Zutaten

- 500 ml Tee z.B. Früchteteemischung
- 500 ml Orangensaft
- 1 Zimtstange
- 1 Nelke
- 1 Kardamomkapsel
- 2 EL Kandiszucker

Hilsmittel

- Teesieb

Zubereitung

1. **Orangensaft** und **Tee** in einen Topf füllen und erhitzen. Nicht kochen!

2. **Zimt**, **Nelke** und **Kardamomkapsel** in ein Teesieb geben und in den Topf hängen. Für etwa 20 Min. ziehen lassen und danach das Teesieb entfernen.

3. Den **Kandiszucker** in den Topf geben. Alles noch einmal erhitzen, aber nicht kochen.

4. Den **Punsch** auf Tassen verteilen und sofort servieren.

Verpasse keine Neuigkeiten mehr und lass dich von unseren veganen und vegetarischen Rezepten inspirieren.

Auf unserem Blog findest du nicht nur leckere vegane und vegetarische Rezepte. Sondern auch Ideen, Tipps und Trends rund um die Themen veganes und vegetarisches Kochen und Backen. Schau gern bei uns vorbei und stöbere z.B. in unserem umfangreichen Rezepte-Archiv.
www.we-are-forever.com

Für die tägliche Dosis Inspiration aus der Veggie-Küche findest du uns auch auf Pinterest. Wir haben inspirierende Pinnwände für dich zusammengestellt und teilen dort mit dir die neusten veganen und vegetarischen Rezepte.
www.pinterest.de/waffoodies

Hast du Lust auf vegane oder vegetarische Snacks und Veggie-Fingerfood? Dann bist du auf unserem YouTube-Kanal richtig. In unseren Food-Videos dreht sich alles um die Zubereitung von veganen und vegetarischen Köstlichkeiten. Abonniere kostenlos unseren Kanal und verpasse keine Videos mehr. Du findest uns auf YouTube unter
WAF.FOODIES oder unter:
www.youtube.com/channel/UCYWTWrauzUnkcx6TFOO6niA/featured

Du hast etwas nachgemacht und möchtest uns deine selbstgemachte Köstlichkeit auf Instagram zeigen? Dann poste gern ein Foto von deiner Kreation mit dem Hashtag **#waffood** und wir teilen es mit der Instagram-Foodie-Community. Wenn du wissen willst, was bei uns gerade passiert, dann folge uns gern auf Instagram.
www.instagram.com/waf.foodies

NEU! NEU! NEU!
Du findest uns jetzt auch auf TikTok. Dort teilen wir unsere neuesten Rezepte mit dir und der Community. Sag uns gern Hallo unter:
www.tiktok.com/@waf.foodies

Bisher von waf.foodies erschienen

Hier findest du weitere vegane Kochbücher aus der Reihe:
30 vegane Lieblingsrezepte

Vegane Salatrezepte: 30 einfache und leckere Lieblingsrezepte

Bonus: 12 zusätzliche Rezepte für vegane Dressings und Saucen + Tipps & Rezepte für Toppings

Vegane Saucen, Dips und Dressings: 30 vegane Lieblingsrezepte

Bonus: 8 zusätzliche Rezepte für süße Dips und Saucen

Vegane Kürbisrezepte: 30 einfache und leckere Rezepte rund um den Kürbis

Bonus: Kürbis Guide + 5 zusätzliche Rezepte für köstliche Kürbis Drinks

Vegane Wrap-Rezepte: 30 köstliche Rezepte für vegane Wraps

Bonus: 8 zusätzliche Rezepte + kleiner Wrap-Guide

Jetzt neu

Vegane Rezepthefte im Pocketformat zum Verschenken aus der Reihe:
yummi waf.foodies mini books

Vegane Saucen, Dips & Dressings: Rezepte zum Dippen, für köstliche Saucen, Saltdressings & mehr

Vegane Desserts: Süßer Nachtisch für das ganze Jahr

Vegane Drinks für das ganze Jahr: Smoothies, Cocktails, Aromawasser, Tees, Shakes und mehr
ohne Alkohol

Vegane Wraps: Fingerfood für das ganze Jahr

Vegane Bratlinge: Herzhaftes aus Ofen und Pfanne

Alle veganen Kochbücher und Rezepthefte sind auch als eBook verfügbar.

ABKÜRZUNGEN

- bzw. = beziehungsweise
- EL = Esslöffel
- g = Gramm
- l = Liter
- Min. = Minuten
- mind. = mindestens
- ml = Milliliter
- Msp. = Messerspitze
- Pck. = Päckchen
- S. = Seite
- Std. = Stunde(n)
- TL = Teelöffel

HINWEISE

HINWEISE ZU DEN REZEPTEN

Lese dir bitte vor der Zubereitung das Rezept einmal vollständig durch. Die Arbeitsschritte erfolgen in der Reihenfolge, in der wir sie ausprobiert haben. Die Angaben der Portionsgrößen sind ebenfalls als Richtwerte zu verstehen.

BACKOFEN- UND HERDPLATTENEINSTELLUNGEN

Die in den Rezepten angegebenen Gar- und Backtemperaturen, Herdplatteneinstellungen sowie Garzeiten sind als Richtwerte zu verstehen. Diese sind stets abhängig von der individuellen Hitzeleistung des Backofens und der Herdplatten. Die Temperaturangaben in diesem Rezeptbuch beziehen sich auf Elektrobacköfen. Die Möglichkeiten der Temperatureinstellungen für Gasbacköfen variieren je nach Hersteller, sodass wir keine allgemeingültigen Angaben machen können. Bitte beachte deshalb bei der Einstellung des Backofens sowie der Herdplatten die Gebrauchsanleitung des Herstellers.

ZUBEREITUNGSZEIT

Die Zubereitungszeit dient lediglich der Orientierung. Sie ist ein Richtwert und abhängig von deinen Erfahrungen in der Küche. Einige Abläufe können parallel erfolgen, sodass du Zeit sparen kannst.

REZEPTE-INDEX

REZEPTE-INDEX

REZEPTE-INDEX

Rezept

Titel _____

Dauer _____

Zutaten	Zubereitung
_____	_____
_____	_____
_____	_____
_____	_____
_____	_____
_____	_____
_____	_____
_____	_____
_____	_____
_____	_____
_____	_____
_____	_____

Rezept

Titel _____

Dauer _____

Zutaten

Zubereitung

Rezept

Titel _____

Dauer _____

Zutaten   ## Zubereitung

_____   _____
_____   _____
_____   _____
_____   _____
_____   _____
_____   _____
_____   _____
_____   _____
_____   _____
_____   _____
_____   _____
                       _____
                       _____

Rezept

Titel _____

Dauer _____

Zutaten

Zubereitung

_____
_____
_____
_____
_____
_____
_____
_____
_____
_____
_____
_____

_____
_____
_____
_____
_____
_____
_____
_____
_____
_____
_____
_____

Rezept

Titel _____

Dauer _____

Zutaten

_____

_____

_____

_____

_____

_____

_____

_____

_____

_____

_____

Zubereitung

_____

_____

_____

_____

_____

_____

_____

_____

_____

_____

_____

Notizen

Notizen

Notizen

Impressum

Kathleen Lassak

Kopernikusstraße 7 in 69469 Weinheim

Deutschland

Bildernachweis

Cover: freepik.com by Premium Freepik License, pexels.com by Creative Commons Zero (CC0) license, unsplash.com by Creative Commons Zero (CC0) license, Kathleen Lassak, canva.com

Covergestaltung, Layout und Inhalt

Kathleen Lassak | waf.foodies | we-are-forever.com

Hinweise

Die Autorin hat dieses Buch nach bestem Wissen und Gewissen erarbeitet. Alle Rezepte, Ratschläge und Tipps sind mit Sorgfalt ausgewählt und geprüft. Eine Haftung der Autorin für alle erdenklichen Schäden an Personen-, Sach- und Vermögensgegenständen ist ausgeschlossen.

Vervielfältigungen sowie Verbreitung jeglicher Art, auch auszugsweise, ist nur mit ausdrücklicher Genehmigung und Quellenangabe gestattet.

Printed in Great Britain
by Amazon

22737843R00052